A EUFORIA PERPÉTUA

PASCAL BRUCKNER

A EUFORIA PERPÉTUA

Ensaio sobre o dever de felicidade

Tradução
REJANE JANOWITZER

DIFEL

Título original: *L'Euphorie Perpétuelle*

Capa: Raul Fernandes

Editoração: DFL

2002
Impresso no Brasil
Printed in Brazil

Cip-Brasil. Catalogação-na-fonte
Sindicato Nacional dos Editores de Livros, RJ

B912e Bruckner, Pascal, 1948-
A euforia perpétua: ensaios sobre o dever de felicidade / Pascal Bruckner; tradução Rejane Janowitzer. - Rio de Janeiro; DIFEL, 2002
240p.

Tradução de: L'euphorie perpétuelle
ISBN 85-7432-036-2

1. Felicidade. 2. Prazer - Filosofia. 3. Valores. I. Título. II. Título: Ensaio sobre o dever de felicidade.

CDD - 171.4
02-0595 CDU - 17.023.34

EDITORA BERTRAND BRASIL LTDA.
Rua Argentina, 171 - 1º andar - São Cristóvão
20921-380 - Rio de Janeiro - RJ
Tel.: (0xx21) 2585-2070 - Fax: (0xx21) 2585-2087

Para minha mãe

"Existem seres que a felicidade persegue como se fosse a infelicidade e na verdade é o que ela é."

François Mauriac

SUMÁRIO DOS CAPÍTULOS

Segunda Parte

O REINO DO INSÍPIDO OU A INVENÇÃO DA BANALIDADE

Terceira Parte

A BURGUESIA OU A ABJEÇÃO DO BEM-ESTAR

Quarta Parte

A INFELICIDADE ESTÁ FORA DA LEI?

SUMÁRIO DOS QUADROS

INTRODUÇÃO

A penitência invisível

Em 1738, o jovem Mirabeau envia uma carta a seu amigo Vauvenargues na qual o censura por se deixar viver o dia-a-dia, por não estabelecer um programa de felicidade: "Com que então, meu caro, você pensa o tempo todo, estuda, nada existe acima do alcance de suas idéias, e não cogita nem por um momento estabelecer um plano para alcançar o que deve ser nosso único objetivo: a felicidade." E Mirabeau expõe a seu cético correspondente os princípios que dirigem sua conduta: desfazer-se dos preconceitos, preferir a alegria aos maus humores, seguir as próprias inclinações, mas depurando-as[1]. Podemos rir desse entusiasmo juvenil. Criança de um tempo que pretendia reinventar o homem e expulsar as pestilências do Antigo Regime, Mirabeau se preocupa com a felicidade como outros antes dele com a salvação da própria alma.

Mudamos muito? Imaginemos os Mirabeaus de hoje em dia: homens jovens ou mulheres jovens de todos os meios sociais, de todas as opiniões, ansiosos por inaugurar uma nova era e deixar para trás os escombros de um assustador sécu-

[1] Citado em Robert Mauzy, *L'Idée de bonheur dans la littérature et la pensée française au XVIIIe siècle*, Albin Michel, pp. 261-2.

lo XX. Lançam-se na existência ávidos por exercer seus direitos e imediatamente construir suas vidas como bem entendem, certos de que uma promessa de plenitude foi remetida a cada um deles. Dizem-lhes desde a mais tenra idade: *Sejam felizes*, uma vez que hoje em dia não se fazem mais crianças para transmitir a elas valores ou uma herança espiritual, mas para multiplicar o número de satisfeitos sobre a terra.

Sejam felizes! Por trás desta aparência de amabilidade, existe injunção mais paradoxal, mais terrível? Ela formula um comando ao qual é muito difícil escapar justamente por ser desprovido de objeto. Como saber se somos felizes? Quem estabelece a norma? Por que é preciso sê-lo, por que esta recomendação toma a forma de imperativo? E o que responder àqueles que confessam se lastimando: "Eu não consigo!"?

Em suma, este privilégio bem depressa parece um fardo para nossos jovens: descobrindo-se únicos responsáveis por seus reveses ou por seus sucessos, constatam que a felicidade tão esperada lhes foge à medida que correm atrás dela. Eles sonham como todo mundo com a síntese admirável, que reúna sucesso profissional, amoroso, moral, familiar e acima de todos eles, tal como uma recompensa, a satisfação perfeita. Como se a liberação de si, prometida pela Modernidade, devesse ser coroada pela felicidade, que é o diadema que encima o processo. Mas a síntese se defaz à medida que é elaborada. E eles terminam por viver a promessa de encantamento não como uma boa nova, mas como um débito com uma divindade sem rosto que nunca conseguem saldar. As mil maravilhas anunciadas só chegam a conta-gotas e desordenadamente, tornando a busca mais penosa, mais pesada a opressão. Mortificam-se por não corresponder ao padrão estabelecido, por infringir a regra. Mirabeau ainda podia sonhar, fazer planos quiméricos. Cerca de três séculos mais tarde, o ideal um tanto exaltado de um aristocrata do Século das Luzes transformou-se em penitência. A partir de agora temos todos os direitos, salvo o de não ser bem-aventurados.

Nada é mais vago do que a idéia de felicidade, esta velha palavra prostituída, adulterada, tão envenenada, que gostaríamos de bani-la de todas as línguas. Desde a Antigüidade não se assiste a outra coisa que não seja a história de seus sentidos contraditórios e sucessivos: Santo Agostinho, em seu tempo, já contava não menos de 289 opiniões diferentes sobre o tema, o século XVIII dedica a ele perto de 50 tratados, e não cessamos de projetar sobre épocas antigas ou sobre outras culturas uma concepção e uma obsessão que pertencem apenas à nossa. É da natureza desta noção o fato de ser um enigma, fonte permanente de disputas, como uma água que pode adotar todas as formas, mas que nenhuma forma esgota. Existe a felicidade da ação como da contemplação, da alma como dos sentidos, da prosperidade como do despojamento, da virtude como do crime. As teorias da felicidade, dizia Diderot, nunca contarão senão a história dos que as fazem. É uma outra história que nos interessa aqui: a da vontade de felicidade como paixão própria do Ocidente após as revoluções francesa e americana.

O projeto de ser feliz depara com três paradoxos. Refere-se a um objeto de tal maneira fluido, que se torna intimidante, por causa da imprecisão. Converte-se em tédio ou apatia tão logo se realiza (no sentido de que a felicidade ideal seria uma felicidade sempre saciada, sempre renascente, evitando a dupla armadilha da frustração e da saciedade). Por fim, disfarça o sofrimento, a ponto de se ver desarmada diante dele assim que este ressurge.

No primeiro caso, é a abstração da felicidade que explica sua sedução e a angústia que provoca. Não somente desconfiamos dos paraísos pré-fabricados, como também nunca estamos seguros de ser verdadeiramente felizes. Perguntar-se já significa não mais sê-lo. Disto decorre que a admiração por este estado esteja ligada também a duas atitudes, o conformismo e a inveja, as doenças conjuntas da cultura democrática: o alinhamento com os prazeres da maioria, a atração pelos eleitos que o acaso parece ter favorecido.

No segundo caso a preocupação com a felicidade, em sua forma laica, é contemporânea na Europa do advento da banalidade, este novo regime temporal adotado na aurora dos tempos modernos e que vê triunfar a vida profana, redú zida a seu prosaísmo posterior à retirada de Deus. A banalidade ou a vitória da ordem burguesa: mediocridade, platitude, vulgaridade.

Enfim, um objetivo como esse, ao pretender eliminar a dor, termina por substituí-la, a despeito dele, no âmago do sistema. A tal ponto, que hoje em dia o homem sofre também por não querer sofrer, da mesma maneira como se pode adoecer de tanto procurar a saúde perfeita. Nosso tempo conta, por sinal, uma estranha fábula: a de uma sociedade inteiramente voltada para o hedonismo e para a qual tudo se torna irritação, suplício. Infelicidade não é mais somente infelicidade: é pior ainda, o fracasso da felicidade.

Por dever de felicidade eu entendo, pois, a ideologia própria da segunda metade do século XX, que obriga a que tudo seja avaliado pelo ângulo do prazer e da contrariedade, intimação à euforia que expõe à vergonha e ao mal-estar os que não aderirem a ela. Duplo postulado: por um lado, tirar o melhor partido da vida; por outro, afligir-se, punir-se caso isso não seja conseguido. Perversão da mais bela das idéias: a possibilidade concedida a todos de dominar o próprio destino e melhorar a própria existência. De que modo uma palavra de ordem emancipadora do Iluminismo, o direito à felicidade, pôde se transformar em dogma, em catecismo coletivo? É esta a aventura que tentaremos retraçar aqui.

Se são múltiplos os significados do Bem supremo, vamos então fixá-los sobre alguns ideais coletivos — saúde, riqueza, corpo, conforto, bem-estar —, talismãs sobre os quais ele deveria vir pousar à maneira de um pássaro numa isca. Os meios adotam posição de fim e revelam sua deficiência tão logo o encantamento procurado não comparece ao encontro. De tal maneira que, cruel equívoco, freqüentemente nos afastamos da felicidade por intermédio justamente dos meios que deveriam permitir nos aproximar dela. Por isso os mal-entendidos freqüentes a seu respeito: que devemos reivindicá-la como algo devido, aprendê-la como uma matéria escolar, construí-la como se fosse uma casa; que pode ser comprada, monetizada, que outros a adquiriram de fonte segura e que basta imitá-los para sermos banhados como eles pela mesma aura.

Ao contrário do lugar comum incessantemente repetido desde Aristóteles — mas para ele o termo tinha um outro sentido —, não é verdade que todos nós procuramos a felicidade, valor ocidental e historicamente datado. Existem outros, liberdade, justiça, amor, amizade, que podem suplantá-la. E como saber o que procuram todos os homens desde a origem dos tempos sem se deixar cair na generalidade oca? Não se trata de ser contra a felicidade, mas, sim, contra a transformação deste sentimento frágil em verdadeiro entorpecente coletivo ao qual todos devem se entregar, em suas modalidades químicas, espirituais, psicológicas, informáticas, religiosas. Os saberes e as ciências mais elaboradas devem confessar sua impotência em garantir a felicidade dos povos ou dos indivíduos. Esta, cada vez que nos toca, produz o efeito de uma graça, de um favor, não de um cálculo, de uma conduta específica. E talvez conheçamos a tal ponto as belezas do mundo, como o acaso, os prazeres e a sorte, que abandonemos o sonho de alcançar a beatitude com b maiúsculo.

Assim, teríamos vontade de responder ao jovem Mirabeau: eu amo demais a vida para querer apenas ser feliz!

PRIMEIRA PARTE

O paraíso é onde estou

Capítulo I

A VIDA COMO SONHO E MENTIRA

"Este mundo é somente uma ponte. Atravesse-a,
mas não construa nela sua morada."
Henn. Apócrifos, 35

"Felizes os aflitos, pois eles serão consolados."
Bem-aventuranças

UM CRISTÃO É UM HOMEM DO OUTRO MUNDO (Bossuet)

Procedia-se, no século XV na França e na Itália, a autos-de-fé coletivos durante os quais, sobre "fogueiras de prazer", os homens e as mulheres, por sua livre vontade e como sinal de renúncia às vaidades, vinham atirar às chamas cartas de baralho, livros, jóias, perucas, perfumes[1]. É que, naquele fim da Idade Média atormentado por uma forte paixão pela vida, a dúvida não era permitida: só podia existir plenitude em Deus e, fora Dele, só engano e dissimulação. Era necessário, pois, lembrar os mortais a todo instante da insignificância

[1] Johan Huizinga, *L'Automne du Moyen Âge*, Petite Bibliothèque Payot, 1975, p. 15.

dos prazeres humanos em comparação com os que os esperavam junto de Nosso Senhor.

Contrariamente ao célebre aforismo de São Justo, a felicidade nunca foi uma idéia nova na Europa, e desde as origens, fiel à sua herança grega, o cristianismo reconheceu a aspiração a ela. Simplesmente colocou-a fora do alcance dos homens, no Paraíso terrestre ou nos céus (o século XVIII iria se contentar em repatriá-la, trazendo-a aqui para baixo). Todos nós nos lembramos de ter sido felizes antes da queda, diz Santo Agostinho; e não existe felicidade a não ser na reminiscência, porque o que encontramos no fundo da memória é a fonte viva de Deus. E disse Pascal, ao dissertar sobre nossos meios vãos de ter acesso ao bem supremo: "Portanto, o que nos gritam esta avidez e esta impotência senão que antigamente o homem possuiu a verdadeira felicidade, da qual apenas lhe restou a marca e os rastros inteiramente vazios?"

Essa trindade temporal cristã será em seguida retomada por todos os autores crentes ou agnósticos: a felicidade ficou para trás ou para amanhã, na nostalgia ou na esperança, nunca no tempo presente. Se é legítimo aspirar a este estado, loucura seria pretender alcançá-lo neste mundo. Criatura caída, o homem deve primeiro compensar o erro de existir e trabalhar para sua salvação. E a salvação se torna ainda mais angustiante por só ser conseguida uma vez, como notou Georges Dumézil: para o cristão não existe segunda chance, ao contrário do hindu ou do budista, submetidos ao ciclo das encarnações até ganharem a libertação. É durante o estreito intervalo de minha residência sobre a terra que é feita a aposta na eternidade, e esta perspectiva confere ao acidente temporal que eu represento o caráter de um verdadeiro desafio. É típico da cristandade o fato de dramatizar ao máximo esta existência colocando-a sob a alternativa do Inferno e do Paraíso. A vida do crente é um processo que se desenvolve inteiramente diante do Julgamento Divino. "Todo o mal que os maus fazem fica registrado sem eles saberem", dizem os Salmos. Nossos desvios, nossos méritos são anotados hora após hora no grande livro de contas, com saldo a pagar ou a receber. Mesmo que os pecadores, as mulheres infiéis, os homens corrompidos, "cubram-se com todas as sombras da noite, serão descobertos e julgados" (Bossuet). Terrível desproporção: um pequeno erro humano pode provocar um castigo eterno, mas, inversamente, todos os males de que padecemos podem encontrar a recompensa no além se, todavia, tivermos levado uma existência agradável a Deus. Aprovados ou reprovados: o Paraíso tem a estrutura exata de um estabelecimento escolar.

Pois a lógica da salvação, se postula uma relativa liberdade para o crente, que pode se aperfeiçoar ou sucumbir às paixões mundanas, está longe de se constituir em uma via retilínea. Sua natureza é clara-escura, e o mais sincero dos fiéis vive sua fé como uma peregrinação em meio a um labirinto. Por estar ao mesmo tempo muito próximo e infinitamente longe, Deus é um caminho a percorrer semeado de emboscadas e armadilhas. "Deus só é bem conhecido quando se toma conhecimento de que é desconhecido", dizia São Tomás de Aquino. Precisamos, portanto, passar um tempo aqui embaixo de acordo com as leis de um outro mundo, e esta terra que nos seduz com seus mil sortilégios é ao mesmo tempo a inimiga e a aliada da salvação. É por esta razão que, se esta vida não consegue usurpar a dignidade que pertence tão-somente a Deus, nem por isso deixa de ter um caráter menos sagrado, pois é passagem obrigatória, primeira etapa da vida eterna. O tempo para o cristão não é uma garantia adquirida para o além, mas uma tensão feita de angústias, de dúvidas, de aflições. A esperança da redenção não se distingue, pois, de uma inquietação fundamental. "Nada entenderemos das obras de Deus se não adotarmos como princípio que ele quis cegar uns, iluminar outros. (...) Há sempre escuridão suficiente para cegar os malditos e claridade suficiente para condená-los e torná-los indesculpáveis." (Pascal) E quando Lutero substitui a salvação por obras pela salvação pela fé — somente Deus decide soberanamente se seremos salvos ou condenados, seja lá o que façamos ou queiramos — ele mantém, para os eleitos, uma dose de incerteza. Estes nunca estão seguros de ter sido escolhidos, mesmo que atestem seu fervor com atos piedosos. Seja qual for sua conduta, o pecador jamais pode saldar sua dívida com Deus, pode apenas contar com sua infinita misericórdia. Em outras palavras, a salvação é uma porta estreita, enquanto que a estrada que leva à perdição é "larga e espaçosa"[1] (Mateus 7, 13).

Aos olhos desta terrível exigência, ganhar a eternidade ou afundar no pecado, quanto pesam as pequenas alegrias da vida? Nada. Elas não são apenas efêmeras e enganosas — "O mundo, pobre em efeitos, é sempre magnífico em promessas" (Bossuet) —, mas também nos desviam do caminho certo, nos lançam numa deplorável servidão em relação aos bens desta terra. "Toda opulência que não seja meu Deus é para mim penúria", escrevia magnificamente Santo Agostinho. Duplo anátema atirado aos prazeres: eles são risíveis aos olhos da beatitude que nos espera no céu e dão uma impressão de permanência, de firmeza, que pertencem exclusiva-

[1] Citado por João Paulo II, *Le Sens chrétien de la souffrance*, Pierre Tequi, 1984, p. 68.

mente à ordem divina. Representam o infinito ruim da concupiscência, imagem invertida da felicidade celeste. O erro dos homens, neste caso, é tomar um não-ser por um ser. Pois as alegrias mundanas são pulverizadas pela terrível perspectiva da morte, a qual, diz ainda Bossuet, "ofusca tudo com sua sombra"[1]. É ela que faz da saúde um *sursis*, da glória uma quimera, das volúpias uma infâmia e da vida um sonho recoberto de mentira. A morte não vem de longe, mas do mais íntimo, insinua-se no ar que respiramos, na comida que ingerimos, nos remédios com os quais tentamos nos proteger. E diz Pascal: "A morte que nos ameaça a cada instante deve infalivelmente nos colocar em poucos anos diante da horrível necessidade de sermos aniquilados ou infelizes." Desqualificar toda a existência pela perspectiva do túmulo é acentuar que estamos, desde o dia de nosso nascimento, mergulhados em um entorpecimento do qual a agonia vai nos tirar. A vida é um sono do qual é preciso despertar: esta metáfora, surgida na Antigüidade e onipresente no pensamento cristão, faz da morte o prazo final, fatal em todos os sentidos do termo. Pois, de um certo modo, existem três mortes: o desaparecimento físico propriamente dito; a morte em vida para os que vivem em estado de pecado, isto é, de desunião com Deus, de luto espiritual (o Inferno é representado em algumas igrejas bretãs como um lugar frio, congelado, o lugar da separação); e, enfim, a morte como liberação e passagem para os justos. Ela não é um abismo, mas uma porta que nos conduz ao Reino e torna a alma "capaz de deliciar-se com uma infinidade de contentamentos não encontrados nesta vida"[1]. É um

[1] Bossuet, *Sermons et oraisons funèbres*, Seuil, prefaciado por Michel Crépu, pp. 140-1.

absurdo temer nosso aniquilamento, uma vez que, libertando-nos do corpo e de seus desregramentos, ele constitui o começo de uma aventura inaudita, a do Julgamento Final e da Ressurreição dentro da eternidade.

É este, pois, o cálculo cristão: opor ao medo bem natural do sofrimento e da morte o medo ainda maior da perdição. E prometer uma recompensa às misérias deste mundo pela retribuição no além, única maneira de dar um fim ao escândalo da prosperidade dos maus e do infortúnio dos justos. Investimentos e resgates de um bem ou de um mal imaterial — o Paraíso ou o Inferno — para melhor jogar um véu de decência sobre as provações bem reais do presente. Renunciar aos falsos prestígios do mundo é ter o direito de esperar uma gratificação desmesurada do Céu. Cálculo sutil que envolve a resignação com uma vestimenta de luz: uma vez que "ninguem pode servir a dois mestres, Deus e Mammon", eu abandono os prazeres concretos, imediatos, em favor de uma hipotética volúpia futura. De que serve recolher alguns instantes de alegria sobre esta terra com o risco de arder para sempre junto a Satã? O grande crime, no qual todos os homens da Igreja insistem, não é sermos tentados pelos frutos do mundo, mas ficarmos presos a eles e conhecermos uma tal escravidão em relação a eles, que cheguemos a esquecer do elo fundamental com Deus. Se não quisermos cair, é "à questão da eternidade que devemos nos dedicar" (Bossuet), uma vez que "o único bem desta vida é a esperança de uma outra" (Pascal). Em todos os casos, o *pathos* da salvação deve prevalecer à preocupação com a felicidade.

---

[1] René Descartes, *Correspondance avec la princesse Palatine sur "La Vie heureuse" de Sénèque*, Arlea, 1989, pp. 188-9.

Um esforço como este, felizmente, nem sempre foi empreendido como um "ou isso ou aquilo" intransigente. É função dos sacramentos, sobretudo o da penitência, aliviar o fiel de uma terrível tensão e permitir-lhe alternar o erro, o arrependimento, a absolvição, em um vai-e-vem que escandalizou Calvino, bem como a Freud[1]. Foi principalmente o gênio da Igreja que inventou no século XII, sob pressão popular e em resposta aos milenarismos, a noção do Purgatório, grande sala de espera, Terceiro Lugar entre o Inferno e o Paraíso, que autoriza aqueles cuja vida foi medíocre, nem inteiramente boa nem inteiramente má, a passar uma esponja em suas dívidas em atraso com o Divino. Essa classe de recuperação póstuma oferecia também aos vivos um meio de agir junto aos defuntos e de dialogar com eles graças a suas preces. O Purgatório não apenas atenuou a terrível chantagem à qual se dedicava a Igreja em relação aos crentes, submetendo-os às tenazes da liberação ou da danação (é preciso lembrar que o Inferno, em sua versão apavorante e incandescente, é uma invenção da Renascença, e não da Idade Média[2]). Ele também instaurou todo um sistema de "mitigação de penas"[3], introduziu na fé a noção de barganha, com todos os excessos que se conhecem e que provocaram o furor

---

[1] No prefácio de *Os Irmãos Karamazov*, Freud, evocando um Dostoievski moralista que usa e abusa do arrependimento, escreve o seguinte: "Ele nos faz pensar nos bárbaros das invasões, que matavam e depois faziam penitência, e a penitência se tornava de imediato uma técnica que permitia o assassinato" (Folio, Gallimard, p. 9).

[2] Como lembra Jean Delumeau, *La Peur en Occident*, Fayard, 1978, capítulo VII, sobre o satanismo.

[3] Jacques Le Goff, *La Naissance du Purgatoire*, Folio-Histoire, Gallimard, 1981.

dos reformados, indignados de ver Roma se entregar a tráficos de indulgências, ou seja, uma instituição humana receber por conta da eternidade e, de uma certa maneira, agir contra a vontade de Deus[1]. Graças a ele a estada na terra ficou mais doce, mais amável. A idéia de irreversibilidade foi afastada; uma falta limitada no tempo deixa de provocar uma decadência infinita. Ao modificar "a geografia do além", o Purgatório deixa aberta uma porta para o futuro, evita o desânimo, "apazigua" a história humana. Graças a este tranquilizante psicológico, o pecador não sente mais as chamas do Inferno no seu encalço assim que transgride uma proibição. A expiação permanece possível, e a salvação perde o que o dogma tinha de desumano. A própria Reforma, apesar de sua intransigência doutrinária, funcionará como reabilitação paradoxal da vida terrestre, por sua vontade de encarnar na vida terrestre os valores do outro mundo. Lutero propunha que se fugisse da ociosidade e se agisse para agradar a Deus,

[1] A partir do século XII, o sistema de penitência tarifada difunde-se na França e traduz-se em doações em dinheiro, orações ou missas. Missas são compradas à unidade, como viáticos para o Além. Com o desenvolvimento da piedade indulgente, florescem as mais escalonadas transações mercantis: fazendo peregrinações, doando às ordens hospitalares, recitando os salmos, esperava-se ganhar redução de pena, dos anos de Purgatório. "Determinado santuário, por exemplo, em troca de uma confissão, doações e preces, promete adquirir 7 anos e 7 quarentenas; um outro 40 vezes 40 anos. Um guia peregrino na Terra Santa nos faz saber que uma visita sistemática ao conjunto dos lugares santos traz, por assim dizer, 43 vezes 7 anos e 7 quarentenas" (em Jacques Chiffoleau, "Crise de la croyance", *Histoire de la France religieuse*, Seuil, 1988, tomo II, pp. 138 e 142). Lembremo-nos de que a Igreja Católica continua a praticar, mas gratuitamente, as indulgências, para grande desgosto dos protestantes. A bula papal do ano de 2000 concede aos penitentes que se abstiverem por um ano de beber e fumar indulgências plenárias reversíveis aos mortos do Purgatório...

porque "um homem bom e justo realiza boas obras"[1], confirmando assim suas chances de ser salvo.

Da mesma maneira desenvolveu-se, nos séculos XVII e XVIII, todo um cristianismo para acomodar quem não queria escolher a Terra contra o Céu, mas acoplar um com o outro. Longe de serem incompatíveis, eles se sucederiam, e Malebranche, recusando os termos da aposta pascaliana, mostrará a felicidade como um movimento de ascensão que vai dos prazeres mundanos às fruições celestes, no qual a alma viaja sem conflito até a iluminação final. Onde outros apontavam uma ruptura, ele restabelece uma continuidade e, com uma visão muito moderna da fé, descreve o homem tomado por um mesmo entusiasmo em direção da eternidade e da busca dos bens temporais. A partir de então, Natureza e Graça colaboram harmoniosamente com os destinos humanos: um cristão pode ser um homem honesto, aliar "a polidez à piedade"[2], dedicar-se a suas tarefas cotidianas sem perder de vista a perspectiva da expiação. A imortalidade se democratiza, torna-se acessível à maioria. O cristianismo continua sendo, pois, uma doutrina de desvalorização relativa e razoável do mundo: ao considerar esta vida como um lugar de perdição e de salvação, faz dela o obstáculo e a condição de redenção, e a eleva por causa disso ao *status* de bem soberano; ele nos liberta do corpo, mas o restabelece em seus direitos graças à encarnação. Em suma, ele afirma a autonomia humana no próprio momento em que a subordina à transcendência divina. Em todos os casos exige do crente, a oscilar entre "os peri-

[1] Em *Les Grands Ecrits Réformateurs*, Garnier-Flammarion, prefaciado por Pierre Chaunu, p. 222.

[2] Citado em Robert Mauzy, *op. cit.*, pp. 17-8 e 181.

gos da satisfação" e a recusa da "sedutora e perigosa doçura da vida" (Santo Agostinho), que assuma o sensível sem idolatrá-lo, sem transformar as coisas do mundo em absolutos.

SOBRE A EXPRESSÃO: "COMO VAI?"

Como vai você? Ao longo da História, os homens não se saudaram sempre desta maneira: invocavam sobre eles a proteção divina e não se inclinavam diante de um servo como diante de cavalheiro. Para que a fórmula "Como vai?" aparecesse, foi preciso abandonar a relação feudal e entrar na era democrática, que supõe um mínimo de igualdade entre indivíduos separados, submetidos às oscilações de seus humores. Uma lenda diz que esta expressão, ao menos em francês, seria de origem médica: como vai sua evacuação? Vestígio de um tempo que via na regularidade intestinal um sinal de boa saúde.

Esta formalidade lapidar, padronizada, responde ao princípio de economia e constitui um elo social mínimo em uma sociedade de massa preocupada em reunir as pessoas de todos os horizontes. Mas às vezes é menos de rotina do que de intimação: deseja-se fazer com que a pessoa encontrada se situe, deseja-se imobilizá-la, submetê-la com uma palavra a um exame aprofundado. Onde você está? O que passou a ser? Discreta intimação que dá a todos a ordem de se expor em relação à verdade do próprio ser. Pois existe interesse em que as coisas vão, mesmo que não se saiba para onde estão indo, num mundo que faz do movimento um valor canônico. No que o "Como vai?" maquinal, que não pede resposta, é mais humano do que o "Como vai?" cheio de solicitude de quem quer nos pôr a nu, nos forçar a um balanço moral. É que de agora em diante o que se é não é mais evidente, requerendo-se uma consulta permanente ao barômetro íntimo. Será que afinal eu estou tão bem, será que não estou "enfeitando"? É por isso que muitos desconversam e interrompem a conversa, supondo no outro suficiente delicadeza para decifrar no seu "Vou indo" um discreto abatimento. A este respeito, a locução da resignação: "Vai-se indo", como se nos tivéssemos reduzido a deixar correr os dias e as horas sem influir sobre eles. Mas apesar de tudo, por que é preciso que as coisas vão? Obrigados diariamente a nos justificar, ocorre muitas vezes estarmos ligados a uma outra lógica. Tão opacos em relação a nós mesmos, que a resposta não tem mais sentido nem mesmo a título de formalidade.

"Você está parecendo muito bem hoje!" Caindo sobre nós como se fosse um jato de mel, este cumprimento tem o valor de uma consagração: no face-a-face dos radiosos e dos ranzinzas, eu estou do lado certo. Eis-me, por intermédio da magia de uma frase, colocado no ápice de uma hierarquia sutil e sempre variável. Mas no dia seguinte um outro veredicto tomba, implacável: "Como você está abatido!" Esta constatação me fusila à queima-roupa, me arranca da posição esplêndida na qual me achava instalado para sempre. Desmereci a casta dos magníficos, sou um pária que deve se disfarçar encostado às paredes, esconder de todos seus traços desfeitos.

Definitivamente, "Como vai você?" é a mais fútil das questões e a mais profunda. Seria necessário, para retorquir com exatidão, proceder a um inventário escrupuloso do próprio psiquismo a minuciosos exames. Pouco importa: é preciso dizer "Bem!", por polidez, civilidade, e passar a outra coisa ou ruminar a questão por muito tempo e deixar a resposta para depois.

O SOFRIMENTO BEM-AMADO

O que é o sofrimento para o cristianismo? O resgate da Queda, o passivo que devemos liquidar por causa do pecado original. A este respeito, as Igrejas trataram de se responsabilizar pela existência: não apenas fustigam a vida terrena, como também fazem dela a reparação de um erro que nos macula a todos desde o nascimento, por ter contaminado a inumerável descendência de Adão e Eva. Todos culpados a *priori*, mesmo o feto dentro do ventre da mãe, razão pela qual decorre a urgência em batizar os recém-nascidos. Mas seria irresponsável se desesperar por causa desta miséria ligada a nossa imperfeição. Foi por amor que o Senhor deu seu filho único para que ele livrasse a Humanidade do mal. O fato de o emblema desta religião ser um crucificado sobre a cruz significa que ela estabeleceu que a morte de Deus é o cerne de seu ritual. Jesus agonizante torna-se "proprietário da morte" (Paul Valéry) e a converte em alegria. Luto e ressurreição: o filho de Deus sobre sua cruz afirma o trágico da condição humana e a supera em direção à ordem sobre-humana da esperança e do amor. Sua paixão permite, assim, a todo infeliz revivê-la por sua conta e participar de um acontecimento fundador mais vasto do que ele. Mesmo aviltado, deve carregar sua própria cruz e encontrar em Jesus um guia e um amigo que o ajuda. Com esta condição, seu sofrimento se tornará não um inimigo mortal, mas um aliado detentor de um poder de purificação, de "renovação da energia espiritual" (João Paulo II). Ele possui, como disse o filósofo Max Scheler, esta capacidade única de separar o autêntico do fútil, o inferior do superior, de arrancar o homem da confusão dos sentidos, do rebotalho grosseiro do corpo para dirigir seus olhos na direção das riquezas essenciais[1].

Não basta, pois, experimentar o sofrimento, é preciso amá-lo, fazer dele a alavanca de uma verdadeira transformação. Ele é o fracasso que conduz à vitória e, como dizia Lute-

[1] Max Scheler, *Le Sens de la Souffrance*, Aubier, 1921, pp. 65 e seguintes.

ro, é amaldiçoando o pecador que Deus assegura sua salvação. "Todo homem toma o caminho da Igreja, especialmente quando o sofrimento entra em sua vida"[1]. Assim, o cristianismo recusa o heroísmo aristocrático e a moral estóica que ordena aceitar lutos e doenças sem gemer e chega a incitar o sábio a suportar a tortura com um sorriso. Pascal fustigou o orgulho de Epicteto diante da infelicidade, no qual via uma afirmação insolente da liberdade humana, inconsciente de sua miséria. Impossível esconder-se do mal, como os Antigos, contorná-lo com toda espécie de estratagemas ou exclamar de maneira sacrílega como os epicuristas: "A morte não existe para nós." É preciso confessar o próprio calvário, gritar sua ignomínia e, do fundo deste aviltamento, ascender a Deus. "O sofrimento salva a existência", dizia Simone Weil, "ele nunca é suficientemente forte, suficientemente grande." Por nos abrir as portas do conhecimento e da sabedoria, "é tão melhor quanto mais for injusto"[2].

Disto decorre a inevitável algofilia dos cristianismos protestante, ortodoxo ou católico, essa preocupação muito real com os infelizes sempre acompanhada de sofreguidão pela infelicidade. "Cristo ensinou a fazer o bem pelo sofrimento e a fazer o bem àquele que sofre."[3] É a razão da necessidade compulsiva de se apoderar do sofrimento alheio como se o próprio não bastasse (como a tentativa do clero polonês de transformar Auschwitz em um Golgotá moderno ou, a se acreditar em alguns jornalistas, o recrutamento de almas a que se dedicou Madre Teresa em seus dispensários de

---

[1] João Paulo II, *op. cit.*, p. 4.

[2] Simone Weil, *La Pesanteur et la Grâce*, Plon, 1988.

[3] João Paulo II, *op. cit.*, p. 91.

Calcutá, quaisquer que tenham sido, aliás, seus enormes méritos). Sem esquecer o gosto acentuado pelo martírio, pelos corpos despedaçados, a obsessão pelo cadáver, pela carniça, pela podridão em uma certa arte cristã, a ênfase concedida à natureza excrementícia do corpo e, por fim, a estética do suplício e do sangue dos místicos. Poucas religiões insistiram como esta no lixo humano ou manifestaram tanto esse "sadismo da piedade"[1].

Mesmo que a Igreja Católica a partir de Pio XII tenha se mostrado mais compreensiva com os que padecem, para ela *é o sofrimento que constitui a norma, sendo a saúde uma quase anomalia.* Como testemunha esta reflexão de João Paulo II: "Quando o corpo foi profundamente atingido pela doença, reduzido à incapacidade, quando a pessoa humana se encontra na quase impossibilidade de viver e agir, a maturidade interior e a grandeza espiritual se tornam ainda mais evidentes e constituem uma lição comovedora para as pessoas que gozam de saúde normal."[2] É preciso amar o homem, mas primeiro humilhá-lo, rebaixá-lo. O sofrimento, ao nos reaproximar de Deus, é uma oportunidade de progresso e perde o que existe de pior nele: a gratuidade. "À pergunta de Jó: por que o sofrimento? Por que eu? Não tenho resposta, continua dizendo João Paulo II, a não ser sofrendo junto com Cristo, aceitando o apelo que ele me faz do alto da cruz: seja eu."[3] Assim, somente em minha miséria posso encontrar a paz interior, a alegria espiritual. O mundo cristão é talvez cruel a nossos olhos, mas é um mundo pleno de sentido (como o budismo,

---

[1] Jacques Chiffoleau, *op. cit.*, p. 135.
[2] *Op. cit.*, p. 73.
[3] *Ibid*, p. 76.

que faz da dor o resultado dos erros cometidos em vidas anteriores, de acordo com a fórmula consagrada de que as flechas que atiramos retornam sobre nós: concepção bárbara, mas eminentemente consoladora). Com a religião, o sofrimento se torna um mistério que não deciframos, a não ser sofrendo. Estranho mistério graças ao qual, por outro lado, tudo se explica[1]. E os teólogos irão desenvolver tesouros de casuística e de sutileza para legitimar a existência do mal sem atentar à bondade de Deus.

Compreende-se então a importância da agonia ostentatória na Idade Clássica (e até a metade do século XX, no campo). Antigamente, quando o habitat era comum, tornava-se evidente que um homem tinha que morrer em público, diante do olhar dos outros, e não sozinho, como hoje em dia, no hospital. Por intermédio da última provação, o crente tinha oportunidade de saldar suas contas com os próximos, de meditar sobre seus pecados, de se desligar dos vínculos terrestres antes de embarcar para o invisível. "Não é vergonha para o homem sucumbir em meio à dor", diz Pascal, "é vergonha sucumbir em meio ao prazer." A agonia é fundamental: permitiria ao fiel pagar um último tributo a este mundo, deixar seu corpo por meio da dor, um pouco como um navio do qual se fosse cortando, uma por uma, as amarras. Os gemidos, os tormentos devem testemunhar uma vida inteira voltada à devoção e à caridade.

E é por isso que Bossuet fustiga os indiferentes cuja fé se

[2]Marcel Conche fala muito bem sobre isso em *Orientation Philosophique*, PUF, 1990, p. 56: "Por um mecanismo curioso, graças à ausência de resposta, respondemos a tudo." A noção de mistério, empregada a torto e a direito, torna-se um puro sofisma para justificar o injustificável, como o sofrimento das crianças.

revela no limiar do passamento, pela expressão de um arrependimento tardio; mas multiplica os elogios à menina Henriqueta Ana da Inglaterra, duquesa de Orleans, que, aos 14 anos, no momento de sua morte, chama pelos padres, em vez dos médicos, beija o crucifixo, pede os sacramentos e clama: "Oh, meu Deus, não depositei sempre minha confiança em Vós?" "A maravilha da morte, escreve então o pregador citando Santo Antônio, "é que, para o cristão, ela não acaba com a vida, mas somente com os pecados e com os perigos aos quais está exposto. Juntamente com os dias, Deus abrevia nossas tentações, ou seja, todas as ocasiões de perder a verdadeira vida, a vida eterna, pois o mundo não é nada mais do que nosso exílio comum."[1] E não nos espantaremos ao ler pela pena de João Paulo II evocando a eutanásia e os últimos instantes, o elogio "da pessoa que aceita voluntariamente sofrer, renunciando às intervenções contra a dor, para permanecer em toda a sua lucidez e, se for crente, participar da paixão do Senhor", mesmo que, e a ressalva é importante, tal comportamento heróico "não deva ser considerado como um dever para todos"[2]. A Igreja de Roma, sabe-se, aceita os cuidados paliativos com a condição de que não privem o moribundo da consciência de si.

É necessário acreditar que tal método de justificativa do sofrimento era muito pouco convincente, uma vez que se revelou pouco a pouco, no decorrer dos tempos, como o breviário da resignação e do obscurantismo (inclusive para os crentes que adotaram a esse respeito os valores laicos). A descoberta dos alcalóides, o uso de anestésicos, a purificação da

[1] Bossuet, *op. cit.*, pp. 178-9.

[2] *Evagelium Vitae*, Cerf-Flammarion, 1995, pp. 103-4.

aspirina e da morfina varreram as fabulações dos padres sobre a dor como uma punição divina necessária. Para dizer a verdade, o cristianismo suscitou nele mesmo o protesto que iria fragilizá-lo. Uma vez estabelecida a noção da bem-aventurança — mesmo que localizada no Céu —, desencadeou uma dinâmica que deveria se voltar contra ele. (E nos Evangelhos, as próprias Bem-Aventuranças, associadas às maldições, não são uma promessa de apaziguamento, mas de justiça. É um apelo à modificação total do mundo, uma oportunidade concedida aos que caem, aos decaídos: os poderosos serão atirados à terra, os miseráveis elevados à primeira posição[1].)

Saber que tal estado os espera após a morte torna os homens impacientes por conhecer algumas de suas premissas aqui embaixo. Vem à luz uma poderosa esperança de vida melhor, cuja energia advém do próprio texto das Escrituras. Gostaríamos de apressar o fim dos tempos, quando o Messias voltará e a acumulação de infelicidades se transformará em um radiante Apocalipse, contamos os anos, os séculos que nos separam deste final, cujos cálculos empolgam os espíritos. Neste sentido, o herege ou o milenarista nada mais são do que leitores apressados que tomam ao pé da letra as palavras da Bíblia e crêem em seu sentido literal. Apóiam-se na inflexibilidade de Jesus para contestar as formas empedernidas da instituição eclesiástica. O tema da felicidade vem do cristianismo, mas é contra ele que irá se desenvolver livremente. Como havia notado Hegel antes de todos, esta reli-

---

2 "Bem-aventurados sois vós, pobres, pois é vosso o reino dos céus. (...) Mas infelicidade a vós, ricos, que impedis vossa consolação, infelicidade a vós que rides agora, pois estareis na aflição e em lágimas, etc. (Lucas, 6, 20-26 e Mateus, 5-7).

gião contém nela mesma todos os germes de sua superação e do abandono da religiosidade. Seu principal defeito para os homens da Renascença e do Iluminismo, por sinal todos crentes, foi cobrir a infelicidade com o véu da eloquência, "a eloquência da cruz", que promete a ressurreição, a fim de desviar os piedosos do dever de melhorar a condição terrestre. Da mesma maneira que o culto da dor e do sacrifício, como Nietzsche irá mostrar a respeito dos Antigos, não eleva o homem, mas o incita ao endurecimento, à amargura. Desde então, segundo a célebre fórmula de Karl Marx, "abolir a religião como felicidade ilusória do povo é exigir sua felicidade real". A dureza católica ou protestante era exercida desesperadamente contra a natureza humana e suas alegrias. Com o Iluminismo, o prazer e o bem-estar serão enfim reabilitados, e o sofrimento afastado como um arcaísmo. Poder-se-ia crer que uma página da História tinha sido virada. Mas, ao contrário, foi aí que começaram as dificuldades.

Capítulo II

A IDADE DE OURO, E DEPOIS?

UMA PROMESSA MARAVILHOSA

Toda a noção moderna de felicidade repousa na célebre frase de Voltaire tirada de seu poema *Le Mondain* (O Mundano) (1736): "O Paraíso terrestre é onde estou", fórmula matricial, geratriz, que em seguida não deixará de ser pastichada ou repetida, como para ter assegurada sua verdade[1]. Enunciado magnífico, chocante, que deita abaixo séculos de um mundo antigo e de ascetismo, e sobre sua perturbadora simplicidade não terminamos de meditar. Mais tarde, Voltaire, assustado como todo o seu século pelo terremoto de Lisboa, recusará esse otimismo rutilante, esse elogio provocador do luxo e da volúpia, e, diante da crueldade gratuita da natureza e dos homens, adotará uma atitude mais mediana: "Um dia, tudo ficará bem, esta é nossa esperança. Está tudo

[1] Por exemplo, Heinrich Heine: "Fazer com que o Reino desça até a terra." Pierre Leroux, em 1849: "O Paraíso deve vir para a terra." Ernst Bloch, em 1921: "É impossível, neste momento, não chegar o tempo do Reino."

bem hoje, esta é a ilusão."[2] Mas, para ele, o mal nunca será investido de sentido positivo, nunca será o preço do erro ou a conseqüência da Queda, e é nisto que é um moderno desencantado. O Iluminismo e a Revolução Francesa não somente proclamaram o esvanecimento do pecado original, como também entraram para a História como uma promessa de felicidade endereçada à Humanidade inteira. Esta não é mais uma quimera metafísica, uma improvável esperança a ser buscada por intermédio dos arcanos complexos da salvação, a felicidade é aqui e agora, é agora ou nunca.

Perturbação fundadora, mudança no eixo da História: Bentham, o pai inglês do utilitarismo, pede que se promova "o máximo de felicidade para o máximo de pessoas", Adam Smith vê no desejo dos homens de embelezar sua condição um sinal divino, Locke recomenda fugir da *uneasiness*, o desconforto; em suma, em toda parte eclode a convicção de que é razoável sonhar com a instauração do bem-estar sobre a Terra. Maravilhosa confiança na perfeição do homem, em sua capacidade de se desobrigar da eterna reflexão da infelicidade, em sua vontade de criar o novo, ou seja, o melhor. Confiança nos poderes conexos da ciência, da instrução e do comércio de fazer chegar a Idade de Ouro do gênero humano, da qual o utopista Saint-Simon, em 1814, predizia o advento no espaço de poucas gerações (fiel, assim, à inspiração de Francis Bacon, que, desde o século XVIII, nutria o projeto de uma cidade ideal, a *Nova Atlântida*, dirigida por

---

André Breton: "É você, Nadja? É verdade que o Além, todo o Além, esteja nesta vida?" Paul Éluard: "É um outro mundo, mas está inteiramente naquele." E Albert Camus: "Meu Reino é inteiramente deste mundo."

2 Sobre as posições voltarianas em relação ao mal, ver o livro muito completo de Bronislaw Bazcko, *Job Mon Ami*, Essais, Gallimard, 1997, assim como Ernst Cassirer, *La Philosophie des Lumières*, Agora, pp. 207-8.

sábios). Certeza, enfim, de que a Humanidade é a única responsável pelos males que ela própria se inflige e que só ela pode melhorá-los, corrigi-los sem recorrer ao Grande Relojoeiro ou a uma Igreja que regulamenta a partir do Além. Sentimento inebriante de uma aurora messiânica, de um recomeço dos tempos que poderia transformar este vale de lágrimas em um vale de rosas. A história não mais empesta, ela embalsama, o mundo é de novo a pátria comum cujo futuro tem a mesma importância que a preocupação com o destino pessoal após a morte. Uma vez que a distância entre a Humanidade e seu Criador não pára de aumentar desde a Idade Média, o homem só pode contar com as próprias forças para organizar sua vida terrestre. A existência inteira deve ser a demonstração do bem, segundo uma frase de Dupont de Neumours parodiando o otimismo de Leibniz.

A esperança de felicidade triunfa sobre o declínio da idéia de salvação e da idéia de grandeza, sobre a recusa tanto da religião quanto do heroísmo feudal: *nós preferimos ser felizes em vez de sublimes ou salvos*. O que mudou desde a Renascença é que a estada na terra, depois dos progressos materiais e técnicos, deixou de ser considerada como uma penitência ou um fardo. Capaz de fazer recuar a miséria e dominar seu destino, o homem sente se atenuar o desgosto que experimenta a seu próprio respeito. Em toda parte "o sabor ardente da vida" (Huizinga), que aumenta na Europa desde a metade da Idade Média, obriga a que se lance um olhar novo, impregnado de benevolência, sobre nosso habitat, em toda parte começa a se desenvolver a reabilitação do instinto, "uma conquista do agradável" (Paul Bénichou). O mundo pode ser um jardim fértil e não mais uma clausura estéril, os prazeres são reais e a dor não simboliza sozinha o conjunto da experiência humana (como testemunha toda a tradição utopista, desde Thomas More e Campanella). Sobretudo é preciso se reconciliar com o corpo: deixou de ser visto como o efêmero e desagradável invólucro da alma do qual é preciso desconfiar e se desligar. Agora é um amigo, nosso único esquife sobre a terra, nosso mais fiel companheiro que convém proteger, cuidar, cercar de toda sorte de regras de medicina e de higiene, enquanto a religião preconizava seu amordaçamento, desprezo, esquecimento. Triunfo do conforto: apoteose do capitonê, do almofadado, do cômodo, de tudo que amortece os choques, garante nosso bem-estar.

Em suma, as sociedades ocidentais ousaram, contra suas próprias tradições, trazer como resposta à dor "*não os consolos do Além, mas a melhoria deste mundo*". Gesto de uma audácia inaudita que a Declaração de Independência americana se apressou a inscrever em seus estatutos, assegurando que "a vida, a liberdade e a procura da felicidade" fazem parte dos inalienáveis direitos humanos. A Humanidade não tem mais contas a pagar, a não ser a ela mesma. Como exprime Kant com eloquência, "depende de nós que o presente dê origem à sua promessa de futuro", promessa que decorre menos de prescrições do que de "seduções", isto é, de uma remodelagem de nosso planeta segundo os desejos humanos[1]. A idéia de progresso suplanta a da eternidade, o futuro se torna o refúgio da esperança, o local da reconciliação do homem com ele mesmo. Para ele convergem as felicidades individuais e coletivas, particularmente no utilitarismo anglo-saxão, que pretende colocar a felicidade a serviço do gênero humano inteiro, a fim de escapar das acusações de imoralida-

[1] Immanuel Kant, *Théorie et Pratique*, Garnier-Flammarion, pp. 34-5.

de de que era objeto. A se crer nisto, a ação justa estaria sempre associada ao prazer, a ação injusta ao sofrimento. A Humanidade está, pois, em constante peregrinação em direção ao Bem, o progresso moral pode às vezes "ser interrompido, nunca rompido" (Kant). O tempo humano é pleno de uma germinação feliz, tudo se torna possível, inclusive o inconcebível de ontem, e é exatamente esta convicção nova que anima a aspiração de mais justiça e igualdade. A assustadora noite medieval parece ter ficado eternamente para trás. Para os mais exaltados, Condorcet por exemplo, a felicidade é simplesmente fatal, inerente à marcha triunfal do espírito humano, ao mesmo tempo irreversível e infalível. "Um só instante", escreveu ele a propósito da Revolução Francesa, "colocou um século de distância entre o homem do dia e o do amanhã." Não se pode deixar de querer a própria felicidade: é uma lei natural da alma humana, idêntica às leis da matéria no mundo físico, é a réplica moral da gravidade universal.

AS AMBIVALÊNCIAS DO ÉDEN

Mas a terra prometida do futuro recua à medida que é pressentida e se parece estranhamente com o Além do cristão. Evapora cada vez que queremos alcançá-la, decepciona tão logo nos aproximamos dela. Por isso os equívocos da idéia de progresso: convite ao esforço, à coragem, esperança de vitória naquilo em que as gerações anteriores fracassaram, mas também defesa contra a infelicidade do presente em nome de uma idealização relacionada a paraísos remotos. O amanhã se torna novamente a eterna categoria do sacrifício, e o otimismo histórico toma ares de uma interminável purgação. O Éden será sempre mais tarde. E a posteridade laica da dor cristã será fértil: hegeliana, ao ver nos tormentos suportados pelos povos ao longo dos tempos as etapas necessárias ao Espírito que vai em direção a sua realização; marxista, ao celebrar na violência a parteira da História e ao pregar a eliminação das classes exploradoras para apressar a edificação de uma sociedade perfeita; nietzschiana, ao exaltar a crueldade e o mal como meios de selecionar os mais fortes e de melhorar a espécie humana; e, em geral, todas as ideologias recomendam imolar a parte em favor do todo. São todas doutrinas para as quais o mal é um momento do bem, e que enxergam nos tormentos mais assustadores uma razão secreta para o trabalho. A partir disso, qualquer calamidade pode ser justificada por fazer parte da organização geral do universo, pois cada destruição prepara uma reconstrução posterior; e a História é a história dos erros que se transformam pouco a pouco em verdades. Dissipados os pesadelos: os piores horrores que os homens se infligem concorrem necessariamente para o desenvolvimento de todos. Com relação a isto, o grito de Hegel é válido para toda a modernidade: "Se por acaso existisse alguma coisa incapaz de ser assimilada e dissolvida pelo conceito, seria necessário ver neste fato a mais completa ruptura, a maior das infelicidades."[1] Quando a aflição prolifera, ela exclui todas as explicações, todos os sofismas, ela ridiculariza a pretensão de identificar o real com o racional. A respeito do sofrimento, os Modernos, contra sua vontade, não são menos delirantes que seus ancestrais religiosos. *É que ele inflige ao orgulho deles uma contradição atroz: a da onipotên-*

[1] Hegel, *La Raison dans l'Histoire*, 10/18, introduzido por Kostas Papaiannou, p. 212.

cia. E sabemos que na França, por exemplo, foi preciso esperar pelos últimos anos do século XX para obrigar os médicos a aliviar a dor dos doentes em fase terminal (e a reconhecer a dos recém-nascidos), pois até então se contentavam em minimizá-las, tratá-las como sintomas característicos. Mas as argúcias extraordinárias dos filósofos, dos ideólogos ou dos poderes constituídos para legitimar a infelicidade se chocam com este fato incontornável: as sociedades democráticas se caracterizam por uma alergia crescente ao sofrimento. Que este perdure ou se multiplique nos escandaliza, na medida em que não temos mais o recurso de Deus para nos consolar. Assim, o Iluminismo engendrou um certo número de contradições que não conseguimos ainda resolver.

As exigências morais do cristianismo não requeriam ser traduzidas aqui na terra, a não ser de maneira embrionária. Neste mundo existia apenas imperfeição e mediocridade, a esperança e a redenção eram enviadas para o Além. Às criaturas comuns, a partilha das fraquezas, dos egoísmos; aos justos e aos santos, a obrigação de testemunhar a respeito de uma outra ordem, de prodigar o amor e a caridade sem parcimônia. Em outras palavras, as religiões detiveram sempre uma vantagem constitutiva sobre as ideologias seculares: a inutilidade de fornecer a prova. As promessas que elas nos fizeram não estão na escala humana ou temporal, ao contrário de nossos ideais terrestres, que devem se curvar à lei da verificação. Foi exatamente disto que o comunismo morreu, do choque brutal entre as maravilhas anunciadas e a ignomínia estabelecida. Não basta proclamar o paraíso sobre a terra, é preciso ainda materializá-lo sob a forma do mais alto bem-estar, de adesões, com o risco sempre possível de decepcionar as expectativas.

A esta primeira exigência se acrescenta uma outra. A religião desencoraja as representações perfeitamente exatas do Paraíso: esse lugar de delícias absolutas — onde não existe mais fome, nem sede, nem maldade, nem o tempo, onde os corpos ressuscitarão dotados da eterna juventude no meio de um espaço resplandescente repleto de anjos e santos — não podia suscitar uma figuração excessivamente precisa. A Igreja, ao contrário das seitas milenaristas, sempre interpretou os textos escatológicos como alegorias; sabedoria religiosa que vale para todos os monoteísmos: a estada divina se situa além de toda a imaginação humana. Constitui um somatório de deslumbramentos, uma "visão beatífica", levada a um grau de incandescência do qual não se pode fazer idéia. Qualquer pessoa que conseguisse ver Deus de perto seria imediatamente fulminada: ele é por natureza invisível, irrepresentável, inconcebível. Não se pode dizer o que ele é, somente o que ele não é, só se pode falar dele "pela negação" (Denis o Areopagita).

A força da idéia de salvação é ser um êxtase inefável junto do Senhor. O pensamento religioso tem "como condição estrita que a salvação não deve em hipótese nenhuma sobrevir[1]", enquanto que a visão laica da felicidade tem como exigência inversa que esta sobrevenha sem demora. A desgraça do mundo profano é não tolerar o indefinido e os adiamentos. A este respeito, existe talvez sabedoria na idéia de progresso, no reconhecimento tácito que o instante presente não esgota todos os prazeres possíveis. A suspeita de que o Paraíso, se descesse sobre a terra, nos propiciaria uma eternidade de tédio, e a vontade tácita de nunca ver nossos votos

[1] Clément Rosset, *L'Objet singulier*, Minuit, p. 17.

inteiramente realizados, de medo de nos decepcionarmos, explicam também a sedução do progresso: possibilidade concedida ao tempo de fazer amadurecer novos prazeres ao mesmo tempo renovando os antigos. Outros objetos de desejo resplandecem no futuro. Graças aos quais, inversamente ao adágio célebre, a felicidade pode ter uma história. Ela se resume à maneira pela qual cada época, cada sociedade esboça sua visão do desejável e arbitra o que é prazeroso e o que é intolerável. A felicidade decorre do prazer imediato tanto quanto da esperança em um projeto capaz de revelar novas fontes de alegria, novas perfeições.

PERSEVERANÇA DA DOR

Tão logo o objetivo da vida deixa de ser o dever e passa a ser o bem-estar, a menor contrariedade nos atinge como uma afronta. No século XVIII, assim com hoje, a persistência do sofrimento, essa inesgotável lepra da espécie humana, continua sendo a obscenidade absoluta. Jamais o cristianismo, em sua grande prudência, propôs-se a erradicar o mal sobre a terra: ambição demente dos pelagianos decorrente da idolatria. Pascal já havia qualificado de louca esta vontade do homem de procurar ele mesmo o remédio para suas próprias misérias. Ora, o Iluminismo acreditou na regeneração da espécie humana pelos esforços conjugados do saber, da indústria e da razão. Nenhum otimismo desenfreado nesta crença, mas uma mistura bem-dosada de cálculo e benevolência: é possível acabar com quase todas as desgraças que enlutam a espécie humana. Questão de tempo e de paciência. Mas a dor, em seu inesgotável retorno, desmente esta ilusão de racionalização perfeita do mundo. Daqui para a frente compete ao homem, privado dos socorros da Providência, eliminá-la na medida de suas possibilidades; responsabilidade exaltante tanto quanto esmagadora. Existia um conforto no pecado original, um otimismo nesse inferno íntimo que todos carregamos conosco: ele se perdia na noite dos tempos, era partilhado entre cada um de nós e descarregava o indivíduo de um peso que oprimia o gênero humano por completo. Nenhuma tragédia, afinal: nas piores atrocidades da História, viria confirmar a transgreção primitiva e a necessidade de expiação.

Tudo muda quando o mal explode sobre uma crença profunda na bondade humana: torna-se então um fracasso, uma heresia. Eis-nos agora responsáveis por qualquer infração, falta, culpados de desfazer a bela opinião que a espécie humana tem dela mesma. Dispersão do pânico! E, enquanto alguns tentarão abater a infelicidade em bloco como os revolucionários, ou no varejo como os reformistas, nasce a suspeita de que tal empreitada é talvez ilusória e que a infelicidade acompanhará para sempre a experiência humana como uma sombra por ela carregada. Antes mesmo que a Revolução Francesa celebrasse as núpcias da virtude e do cadafalso e infligisse uma contestação ao sonho da sociedade ideal, o século inteiro tinha experimentado a difícil conquista da felicidade. Acreditava-se estar começando uma contagem regressiva para apagar a iniqüidade, mas recaía-se nas mesmas rotinas. *O velho mundo decididamente não queria morrer.* Mesmo livre dos preconceitos e da ignorância, o espírito humano conservava sempre uma descompasso entre os valores e os fatos.

E agora, privado de seus álibis religiosos, o sofrimento não significa mais nada, sobrecarrega-nos como uma odiosa mala carregada de misérias com a qual não se sabe o que fazer. Ele não tem mais explicação, ele é constatado. Tornou-se o inimigo a ser abatido, por desafiar todas as pretensões de estabelecer uma ordem racional sobre a terra. Ontem ele era a geratriz da redenção, agora será a geratriz da reparação. Mas, por um estranho paradoxo cujas conseqüências vamos desenvolver, quanto mais o perseguimos mais ele prolifera, multiplica-se. Tudo o que resiste ao claro poder do entendimento, à satisfação dos sentidos, à propagação do progresso toma, pois, o nome de sofrimento: a sociedade da felicidade proclamada torna-se pouco a pouco uma sociedade obcecada pelo desgosto, perseguida pelo medo da morte, da doença, do envelhecimento. Sob uma máscara sorridente, fareja em toda parte o odor irrespirável do desastre.

Enfim, mal emancipado do jugo moralizador, o prazer descobre sua fragilidade e depara com outro obstáculo maior: o tédio. Não basta varrer tabus e temores para usufruir com toda a serenidade. A felicidade é fruto de uma organização, de cálculos, de exames, tem necessidade de variedades tanto quanto de contrastes. A satisfação lhe é tão fatal quanto o impedimento. De novo Voltaire, ao mesmo tempo pioneiro e crítico, parece ter dito tudo. O homem, escreve ele em *Cândido*, vê-se dividido "entre as convulsões da inquietação e a letargia do tédio". E Julie em *La Nouvelle Héloïse* (A Nova Heloísa) vai mais longe ainda: "Vejo por toda parte apenas razões de contentamento, mas não me sinto contente (...) sou bastante feliz mas me aborreço." (VI Parte, Carta VIII) Proposições escandalosas que recolocam a questão da euforia sem contudo recusá-la: a felicidade é delicada não por sucumbir sob o peso das proibições, mas por se esgotar por si mesma tão logo tenha livre curso. E é a partir do século XVIII que a felicidade e a vacuidade passarão a caminhar de mãos dadas (segundo um *tandem* que a Antigüidade já associara).

Em suma, mal chegada às pias batismais, a felicidade já se choca com dois obstáculos: dilui-se na vida corrente e se mistura em toda parte com a dor recalcitrante. Sob uma certa ótica, o Iluminismo dispôs-se a realizar um objetivo descomunal: não perder a estima do cristianismo no que ele tem de melhor. Roubar das religiões as prerrogativas para fazer melhor do que elas foi e continua sendo o projeto da modernidade. E as grandes ideologias dos dois últimos séculos (marxismo, socialismo, fascismo, liberalismo) talvez tenham sido apenas substitutos terrestres das grandes crenças religiosas, para dar um sentido mínimo à infelicidade humana. Sem o que ela se tornaria verdadeiramente insuportável. A modernidade permance, pois, obcecada pelo que pretende ter superado. O que devia ter sido abandonado, deixado para trás, volta a perseguir as gerações presentes como se fosse um remorso, uma nostalgia. É por isso que, como dizia genialmente Chesterton, o mundo contemporâneo está "repleto de idéias cristãs enlouquecidas". A felicidade é uma dessas idéias. O século XVIII, pelo menos, não foi o século do bem-estar arrogante mas, sim, do bem-estar frágil, da sensibilidade sempre exaltada que se inquietava por não encontrar no real as expectativas criadas. O século XX não terá esta prudência.

Capítulo III

AS DISCIPLINAS DA BEATITUDE

"Aqui somos felizes."
Slogan castrista em Cuba

"Castorama, parceira da felicidade."
Publicidade francesa

"O Dalai-Lama é feliz e respira felicidade.'
Sua Santidade o Dalai-Lama
e Howard Cutler, *L'Art du bonheur*,
Robert Laffont, 1999, p. 27

"Quando nos levantamos de manhã, podemos escolher entre ficar de bom ou de mau humor. A escolha é permanente. Lincoln dizia que as pessoas podem ser felizes/infelizes tanto quanto decidem sê-lo. Repetir para si mesmo: 'Vai tudo maravilhosamente bem, a vida é bela, eu escolho a felicidade.' Tornar-se o artesão da própria felicidade, adotar o dever de ser feliz. Fazer uma lista de pensamentos positivos e felizes, e repeti-los várias vezes por dia."

Norman Vincent Peale,
O poder do pensamento positivo

Em 1929, ao publicar *Mal-estar na civilização*, Freud declarou que a felicidade é impossível: ela é a parte sempre crescente dos desejos que o indivíduo deve abandonar para viver em sociedade, e toda cultura é edificada sobre a renúncia aos instintos. E uma vez que a infelicidade nos ameaça por toda parte, no nosso corpo, na natureza, em nossas relações com os outros, Freud chega à seguinte conclusão: "Não entrou no plano da 'Criação' que o homem ia ser feliz. O que se chama de felicidade, no sentido mais estrito, é o resultado da satisfação momentânea de necessidades que atingiram uma alta tensão, sendo somente possível, por sua própria natureza, como fenômeno episódico."[1]

Porém, de quimérica para o pai da psicanálise, a felicidade passou a ser quase obrigatória cerca de cinqüenta anos mais tarde. É que nesse meio tempo uma dupla revolução ocorreu. Por um lado, o capitalismo passou de sistema de produção baseado na poupança e no trabalho para sistema de produção baseado no consumo, que supõe despesa e desperdício. Uma nova estratégia, que integra o prazer em vez de excluí-lo, apaga o antagonismo entre a máquina econômica e nossas pulsões e faz destas últimas o próprio motor do desenvolvimento. Mas, sobretudo, o indivíduo ocidental se emancipou do jugo da coletividade da primeira era autoritária das democracias, tendo adquirido um *status* pleno de autonomia. Desde então, "livre", não tem mais escolha: como os obstáculos na estrada que leva ao Éden desfizeram-se, ele está "condenado" de alguma maneira a ser feliz ou, para dizer de outra forma, só pode culpar a si próprio se não conseguir.

Pois a idéia de felicidade no século XX conheceu dois

[1] Sigmund Freud, *Mal-Estar na Civilização*, PUF, p. 20.

destinos: enquanto nos países democráticos traduziu-se por um apetite de prazeres desenfreados — pouco mais de quinze anos separam a libertação de Auschwitz dos primeiros faustos consumistas na Europa e na América —, em outros lugares, como no mundo comunista, foi tragada pelo regime da bem-aventurança imposta para todos. Quantos ossuários não foram cavados em nome do desejo de fazer o Bem, de tornar os homens melhores a despeito da vontade deles? Colocada a serviço de uma visão política, a felicidade constituiu um infalível instrumento de matanças. Em relação às cidades radiosas do amanhã, nenhum sacrifício, nenhuma depuração da escória humana seria suficientemente grande. O idílio prometido transforma-se em pavor.

Não é deste desvio totalitário bem-conhecido que vamos tratar aqui, nem da coerção do tipo Orwell, tampouco da ceva emocional imaginada por Huxley (ainda que muitos traços de nossas sociedades evoquem *Admirável mundo novo* ou *1984*). Nós estudaremos um outro instrumento próprio da era individualista e que diz respeito à construção de si mesmo como tarefa infinita. É como se a ordem, tendo cessado de falar a linguagem da lei, do esforço, tivesse decidido nos mimar, nos prestar assistência; como se uma espécie de anjo acompanhasse cada um de nós e ficasse soprando à nossa orelha: antes de mais nada, não se esqueça de ser feliz. As contra-utopias insurgiam-se contra um mundo excessivamente perfeito, regido como um relógio; de agora em diante, carregamos em nós o relógio.

OS ENCANTAMENTOS VOLUNTÁRIOS

Por qual mecanismo perverso um direito adquirido a duras penas tornou-se uma lei, ao passo que o proibido de ontem, a norma do dia? É que toda nossa religião da felicidade é influenciada pela idéia de domínio: seríamos donos de nosso destino, assim como de nossas exaltações, capazes de edificá-los e convocá-los à saciedade. Eis que a felicidade entra ao lado da técnica e da ciência na lista das façanhas de Prometeu: temos que produzi-la no duplo sentido do termo, suscitando-a e exibindo-a. É o que manifesta toda uma nebulosa produção intelectual ao longo do século decorrido, repetindo de mil maneiras um credo idêntico: o contentamento é uma questão de vontade. Por exemplo, na França, o filósofo Alain, em seus *Propos* (Propósitos), redigidos entre 1911 e 1925, *best-seller* incontestado desde sua publicação, identificava a alegria com o exercício físico e a melancolia com os humores. Contra as lamúrias e os aborrecimentos seria preciso "prometer solenemente ser feliz" e ensinar essa arte às crianças. Os homens que adotam a decisão de ser bem-humorados e de nunca se queixar deveriam ser recompensados.

Qualquer que seja a situação, acidez estomacal, dia de chuva ou dinheiro escasso, "ser feliz é uma obrigação com os outros"[1]. Essa felicidade movida à força de vontade, segundo Alain, decorre principalmente da arte das boas maneiras e da

[1] Alain, *Propos sur le bonheur*. A expressão "dever de felicidade" vem de Malebranche, que a identifica com o aperfeiçoamento espiritual e faz da reabilitação do amor próprio um dos instrumentos da salvação. Ela é utilizada por Kant como um imperativo hipotético que prepara o reino da lei moral: "Assegurar a própria felicidade é um dever (ao menos indireto), pois o fato de não se estar contente com o próprio estado, de se estar vivendo oprimido por numerosas preocupações e em meio a necessidades não satis-

polidez: "É sinal de polidez ser alegre" (Marie Curie), não exibir os infortúnios diante dos outros, fazer cara alegre, a fim de manter uma sociabilidade gentil. Razão pela qual essa civilidade do agradável serve mais ao preceito do que ao sistema.

É ainda André Gide quem, em *Les Nourritures terrestres* (Os Alimentos Terrestres) (1897), lança um verdadeiro manifesto da alegria da carne e dos sentidos e recomenda uma ética do fervor que privilegia o desejo em relação à saciedade, a sede em relação à mitigação, a disponibilidade em relação à posse. Mas, em *Les Nouvelles nourritures* (Os novos alimentos) (1935), esse sensualismo militante defende o que se tornará o credo de nossa época: a era da felicidade como direito, palavra de ordem de uma geração "que se lança à vida inteiramente armada de alegria". "Uma quantia de felicidade é devida a cada criatura, de acordo com o que seu coração e sua alma suportam. Se me privarem de um mínimo que seja, vou me sentir roubado."

E, afinal, veio a explosão de maio de 68 e a liberação proclamada de todos os desejos. O movimento havia sido precedido, um ano antes, pelo livro de um situacionista*, Raoul Vaneigem, o qual, em seu *Traité de savoir-faire à l'usage des jeunes générations*[1] (Tratado de *savoir-faire* para uso das jovens gerações), alcançara a proeza de anunciar e sintetizar o espírito daquele período. Nessa obra fervilhante de furor, de exaltação, o autor fustigava a sobrevida na qual vegetava a Huma-

---

feitas pode se tornar facilmente uma grande tentação de infligir os deveres" (*Fondements de la métaphysique des mœurs*). Enfim, é o que recomendam os utilitaristas ao acentuar a obrigação que cada um tem de maximizar suas potencialidades em nome do prazer.

* Movimento de esquerda de contestação profunda das estruturas existentes, que pregava os valores da poesia, da festa e do jogo. (N.T.)

[1] Gallimard, 1967.

nidade por culpa de uma burguesia moribunda e mercantil. Contra essa servidão recomendava a livre união das subjetividades, única a permitir "a embriaguez das possibilidades, a vertigem de todos os prazeres postos ao alcance de todos". Paralelamente a um apelo ao crime e ao banho de sangue para liquidar os exploradores e os "organizadores do tédio", deve-se a Vaneigem alguns dos mais belos *slogans* daquele mês de maio: "Não queremos saber de um mundo onde a garantia de não morrer de fome deve ser trocada pela certeza de morrer de tédio", ou ainda o grito patético: "Tínhamos nascido para nunca envelhecer, para jamais morrer." É pouco dizer que Vaneigem, ao reivindicar a herança de Sade, Fourier, Rimbaud e dos surrealistas, exprime uma concepção voluntarista da existência: a intensidade se ganha, segundo ele, por meio de um combate sem trégua entre o espírito de submissão e as forças da liberdade. Nada de meios-termos: é preciso empreender uma dupla batalha contra a escravidão dentro de nós e os múltiplos mestres que querem nos sujeitar. A vida integral ou a derrota absoluta: "Infelicidade àquele que abandona a violência e as exigências radicais no caminho (...) para cada renúncia a reação não prepara outra coisa que não seja nossa morte total."

Os participantes de maio de 68 e o próprio Vaneigem tinham aversão à palavra felicidade, que cheirava a idiotice pequeno-burguesa, a insípidos idílios do consumismo, a psicologia barata. Como antes deles os *beatniks* e *hippies*, protestavam contra um certo entusiasmo parecido com o dos anos 50, encarnado no sonho americano da família coesa, reunida em torno de um automóvel e de uma casinha de subúrbio, a aliança do casamento e do refrigerador no sorriso cativante da propaganda. O que Henry Miller, em um texto de rara violência contra a América, chamara em 1954 de "o pesadelo refrigerado". Mas, por uma dessas piscadas de olhos que a História é useira e vezeira, essa revolta realizada em nome do desejo iria se fixar por sua vez como um novo dogma de felicidade: insurgia-se menos contra ele do que contra uma definição muito restritiva de seus atributos. Assim, renovou-se seu conteúdo sem o matar e, como acontece freqüentemente, os principais adversários do sistema revelaram-se seus melhores aliados...

Mas os anos 60 reativaram também uma ilusão diretamente oriunda da Era das Luzes: que a virtude e o prazer, a moral e os instintos podem se conjugar para conduzir o homem sem esforço ao Dever[1]. A felicidade e a Lei são compatíveis, acreditava o otimismo racional do século XVIII. Não se pode culpar ninguém por desejar, exclamava-se nos anos 60-70, o pecado decorre somente das proibições. Tal foi a quimera de um tempo que considerou todas as inclinações como igualmente respeitáveis e acreditou na convergência harmoniosa delas. Nenhuma suspeita de que tamanha glorificação do capricho soberano e do desejo inocente, que, sozinho, decide sobre o bem e o mal pudesse justificar as piores violências, o que Sade, mais lúcido do que nossos modernos libertinos, compreendera muito bem. A isso é preciso acrescentar a esperança sublime e grotesca (que Groddeck, Reich ou Marcuse difundiram com intuitos diversos) segundo a qual a satisfação e o orgasmo continuam sendo os melhores meios de subverter a sociedade, bem como de desafiar a morte e a velhice, as quais, sustentava Vaneigem, não decorrem de

---

[1] Sobre a maneira como a lei natural chega a ser confundida com o imperativo moral, veja Robert Mauzy, *op. cit.*, pp. 145 e seguintes.

maneira nenhuma da natureza, mas de um "gigantesco feitiço social".

O que começa com Alain e se acentua até chegar ao ponto mais alto no final do século é a idéia de felicidade como direito que passa à de felicidade como imperativo. Somos os herdeiros dessas concepções, mesmo que não tenhamos adotado nenhuma ao pé da letra, uma vez que elas se consolidaram numa mentalidade comum da qual estamos hoje todos impregnados. Não somente prazer, saúde, salvação se tornaram sinônimos, pois o corpo passou a ser o horizonte inexcedível, mas sobretudo se tornou suspeito não se sentir radiante. Por significar a transgressão de um tabu, todos se sentem obrigados à realização máxima.

Muitos irão contrapor que, no século XX, existiram outras concepções mais sombrias sobre a vida, como o existencialismo, as filosofias da angústia, sem contar a literatura, que mantiveram viva uma visão trágica. Mas todas estas doutrinas foram mais ou menos doutrinas de emancipação, da solidão do homem conferindo a ele mesmo sua lei, sem deuses. Mas nosso fim de século, seguindo uma vertente já observada no século XIX, colocou a liberdade a serviço da felicidade, e não o inverso, e viu nesta última a apoteose de todo um trajeto emancipatório. Benjamin Constant já havia notado, quando definia a liberdade dos Modernos como "a segurança das satisfações privadas" e a preocupação feroz com a independência individual. Por muito tempo opusemos o ideal da felicidade à norma burguesa do sucesso; eis que essa mesma felicidade foi transformada em um dos ingredientes do sucesso. Albert Camus ainda podia defender, nos anos 50, o gosto exaltado do prazer e a celebração com o mundo contra a vulgata estalinista e a pudicícia oficial francesa. Vinte anos mais tarde esse mesmo gosto se tornara um *slogan* publicitário. Daí em diante — privilégio assustador — eu me devo a felicidade tanto quanto a vida me deve. Esse direito, de que sou o principal fiador, me dá um crédito de poder sobre mim mesmo capaz de me exaltar, mas também de pesar como um fardo: se o encantamento depende unicamente da minha decisão, sou o único culpado por meus reveses. Bastar-me-ia, pois, para me sentir bem, querer, decretar ou programar meu bem-estar do jeito que quiser?

SATISFAÇÕES IRRECUSÁVEIS

O que ocorreu para que a crítica da sociedade de consumo tivesse tão rapidamente, a partir dos anos 60, conduzido ao triunfo do consumismo? É que as palavras de ordem lançadas à época: "Tudo imediatamente", "Morte ao tédio", "Viver sem prorrogação e gozar sem entraves" se aplicavam menos ao domínio do amor e da vida do que ao da mercadoria. Acreditava-se estar subvertendo a ordem estabelecida, mas favorecia-se com total boa fé a propagação do mercantilismo universal. É no plano da fome e da sede que todas as coisas podem se tornar imediatamente acessíveis, já que o espírito e o desejo têm seus ritmos próprios, suas intermitências. A intenção era libertária, o resultado foi publicitário: liberou-se menos a libido do que nosso apetite de compras sem limite, nossa capacidade de agarrar sem restrições todos os bens. Bela imagem do revolucionário como prospector oficial do capital é no que se transformaram afinal o movimento operário, o marxismo e a esquerda radical, capazes de criticar uma falha do sistema, mas de permitir-lhe se modificar a um custo mínimo. Um pouco como aqueles *hippies* que descobriram lugares sagrados de turismo na Ásia, na África ou no Pacífico trinta anos antes de todo mundo, mas que eram movidos pelo desejo de fugir e se isolar.

É absurdo criticar o consumo, luxo de crianças mimadas. Ele tem de atraente o fato de oferecer um ideal simples, inesgotável, acessível a qualquer um, contanto que esteja solvente. Não exige outra formalidade senão ter vontade e pagar. O consumidor é cevado, saciado como um bebê alimentado a colheradas. Seja o que for que achemos disso, divertimo-nos bastante, pois, como na moda, adotamos sofregamente o que é proposto como se tivesse sido escolhido por nós. Sabe-se, desde Charles Fourier, que não se recusa um prazer com anátemas: ele é absorvido ou suplantado por um maior. O consumismo irrita vocês tanto quanto irritam vocês essas multidões idiotas que se arrastam em supermercados e lojas de departamentos? Inventem outras alegrias, criem novas tentações! Mas, por favor, parem de reclamar!

UMA COERÇÃO CARITATIVA

É uma estranha aventura a da liberação dos costumes, e, mesmo a conhecendo de cor, não nos cansamos de repeti-la, de saborear sua amarga reviravolta. Durante séculos o corpo foi reprimido, esmagado em nome da fé ou das conveniências a ponto de se tornar, no Ocidente, o símbolo da subversão. Pois bem, agora que foi liberado dá-se um estranho fenômeno: em vez de usufruir com toda a inocência, os homens transferiram a proibição para o interior da satisfação. Esta, tornada ansiosa por causa de si mesma, erigiu seu próprio tribunal e se condena, não mais em nome de Deus ou do pudor, mas de sua insuficiência: nunca é grande o bastante, adequada o bastante. No passado inimigas irredutíveis, moral e felicidade fundiram-se agora; é o fato de não se ser feliz que é imoral hoje em dia, o Superego instalou-se na cidadela da Felicidade e dirige-a com mão de ferro. Fim da culpa em favor de um tormento sem fim. A volúpia passou do estado de promessa ao estado de problema. O ideal de plenitude sucede o da coação para se tornar por sua vez coação de plenitude[1]. Cada um de nós, responsável por seu próprio dinamismo, por seu bom humor, não tem mais que renunciar, tem, sim, que se adaptar aos caminhos que levam a um aperfeiçoamento, o que exclui por completo a inércia. A ordem cessou de nos condenar ou de nos privar, ela agora nos indica os caminhos da realização com uma solicitude toda maternal.

Estaríamos errados se tomássemos esta generosidade por uma libertação. Trata-se, no caso, de um tipo de coerção caritativa que engendra o mal-estar nos seres, do qual ela se esforça em seguida para livrá-los. As estatísticas que difunde, os modelos que exibe suscitam uma nova geração de faltosos, não mais os sibaritas ou os libertinos, mas os tristes, os desmancha-prazeres, os depressivos. A felicidade não é mais um acaso que nos acontece, um momento favorável em relação à monotonia dos dias, ela passa a ser a nossa condição, nosso destino. Quando o desejável se torna possível, é imediatamente integrado à categoria do necessário. Incrível a rapidez com que o edênico de ontem se torna o corriqueiro de hoje. É uma moral de combatentes exclusivamente interessados na vida cotidiana, e que vão deixando para trás numerosos batidos e numerosos abatidos. Pois existe uma redefinição do *status* social, não mais visto somente pelo ângulo da fortuna ou do poder, mas também pelo da aparência: não basta ser rico, é ainda preciso estar em forma, nova espécie de discri-

---

[1] Segundo uma lógica já estudada em Pascal Bruckner e Alain Finkielkraut, *Le Nouveau désordre amoureux*, Seuil, 1977, e reelaborada especialmente por Jean-Claude Guillebaud em *A Tirania do Prazer*, Bertrand Brasil, 1999, que coloca a questão do lugar do proibido numa sociedade moderna.

minação e de realce do valor não menos severa que a do dinheiro. É toda *uma ética do parecer estar bem consigo mesmo* que nos dirige e que sustenta a publicidade e as mercadorias em sua exaltação sorridente.

"Torne-se seu próprio melhor amigo, ganhe a estima de você mesmo, ouse viver em harmonia, etc.": a enorme quantidade de livros sobre o tema permite pensar que não é assim tão fácil. A felicidade não constitui somente, ao lado do mercado da espiritualidade, a maior indústria da época, ela é também, e com muita precisão, a nova ordem moral: é por isso que a depressão prolifera, que toda rebelião contra esse hedonismo pegajoso invoca sem cessar a infelicidade e o desgosto. Eis-nos culpados por não estarmos bem, mal pelo qual devemos responder diante de todos e diante de nossa jurisdição íntima. É por isso que nessas fabulosas sondagens, dignas dos antigos países do bloco comunista, 90% das pessoas interrogadas pela revista se dizem felizes! Ninguém ousaria confessar que às vezes sente medo de se desvalorizar socialmente[1]. Estranha contradição da doutrina de prazeres quando se torna militante, ao retomar das proibições a força de pressão se contentando em inverter seu curso. É preciso transformar a espera incerta do encanto em juramento e intimação que cada um faz a si mesmo, converter a dificuldade de ser em doçura permanente. Em vez de admitirmos que a felicidade é um evento indireto que nos chega ou não por meio de objetivos secundários, nós a consideramos um objetivo acessível imediatamente, com a ajuda de receitas. Seja qual for o método escolhido, físico, somático, químico, espiritual ou informático (existem pessoas que vêem na Internet algo

[1] Sondagem da *Figaro-Magazine*, de 10 de novembro de 1998.

além de um instrumento genial, um novo Graal ou a democracia planetária realizada[1]), o pressuposto é o mesmo em toda parte: o contentamento está a seu alcance, basta chegar aos meios por um "condicionamento positivo", uma "disciplina ética" que vai conduzi-lo até ele[2]. Formidável inversão da vontade, que tenta instaurar um protetorado em estados psíquicos, sentimentos tradicionalmente estranhos à sua jurisdição. E se extenua ao querer mudar o que não depende dela (correndo o risco de não tocar no que pode ser mudado). Não contente em ter entrado no programa geral do Estado-Providência e do consumismo, a felicidade ainda se tornou um sistema de intimidação de todos por cada um, do qual somos ao mesmo tempo vítimas e cúmplices. Terrorismo consubstancial com os que o suportam, uma vez que só têm uma saída para se preparar para os ataques: apontar por sua vez as vergonhosas lacunas e fragilidades dos outros.

SAÚDE, SEXUALIDADE, ANSIEDADE

Existem, então, dois domínios privilegiados do dever de beatitude: a sexualidade e a saúde, pois uma e outra se medem e são objeto de uma atenção contínua.

Eros tem de particular o fato de tornar o amor calculável e submetê-lo ao poder da matemática; dentro do quarto de

---

[1] Veja a este respeito o pertinente livro de Bertrand Leclair, *L'Industrie de la consolation*, Verticales, 1998.

[2] O Dalai-Lama, *L'Art du bonheur, op. cit.*, p. 53. "É preciso construir um mundo no qual as crianças estejam constantemente imersas numa atmosfera positiva", disse ele a certa altura em suas entrevistas a Fabien Ouaki, *La vie est à nous*, Presses-Pocket, 1998, p. 145.

dormir, a portas fechadas, os amantes fazem o exame da felicidade e se perguntam: estamos à altura? É à sua sexualidade, novo oráculo, que solicitam provas tangíveis de sua paixão. Combinações do modelo escolar com o gastronômico: a boa receita conduz à boa nota. De carícias a posições, de perversões a *frissons*, testam seu casamento ou união, estabelecem balanços de prazeres, rivalizam com outros casais em demonstrações sonoras, em arroubos exibicionistas, atribuem-se prêmios de excelência ou menções de "sofrível", procurando assim se assegurar do estado de seus sentimentos. Sempre espreitado pela indecisão, o amor acredita com isso ganhar em evidência e clareza. O prazer erótico não é somente uma velha audácia que a liberalização dos costumes transformou em banalidade: em meio ao desgaste e às intermitências do coração, é também a única coisa com a qual os seres podem contar e que lhes permite converter em quantidades memoráveis as emoções fugidias que experimentam. É assim, pela magia das cifras, que as ligações são avaliadas, que seu bom rendimento voluptuoso é verificado.

Da mesma maneira, a obsessão com a saúde tende a tornar uma questão de ordem médica cada instante da vida, em vez de nos permitir uma agradável despreocupação. Traduz-se pela anexação ao domínio terapêutico de tudo que até então pertencia à categoria do *savoir-vivre*: rituais e prazeres coletivos transformaram-se em preocupações, avaliados em função de sua utilidade ou nocividade. A alimentação, por exemplo, não se divide mais em boa ou ruim, mas entre saudável e não-saudável. O correto é mais importante que o saboroso, o balanceado mais que o variado. A mesa não é mais somente o altar das suculências, um momento de partilha e de trocas, mas também virou um balcão de farmácia onde se pesam, minuciosamente, gorduras e calorias, onde se mastigam com consciência alimentos que passaram a ser agora apenas remédios. É preciso beber vinho não por prazer, mas para reforçar a elasticidade das artérias, comer pão integral para acelerar o trânsito intestinal, etc. O paradoxo disso é que o país onde triunfa essa obsessão higiênica, os Estados Unidos, é também o país da "comilança" e da obesidade galopante. Pois o importante não é mais viver plenamente o tempo que nos é concedido, mas alongá-lo o mais que for possível: à noção de ciclos da vida sucede a de longevidade.

A duração se torna um valor canônico mesmo que seja conquistada ao preço de terríveis restrições: como o estudante americano que só faz uma refeição por dia para alcançar a idade canônica de 140 anos e que confessa, por trás de uma silhueta famélica, uma terrível depressão. Ou esses fanáticos da prolongação que chegam a tomar 80 pílulas por dia com a intenção de ultrapassar a fatídica barreira dos cem anos. Ganhar tempo: até recentemente isto queria dizer preservar alguns momentos livres de tarefas servis, extenuantes. Agora significa um aumento desenfreado de produtividade, acumulação maníaca de anos suplementares conseguidos à força do calendário. Não se trata de negar os extraordinários progressos realizados a este respeito, embora, no caso, seja menos a vida que está sendo prolongada do que a terceira-idade, estendida interminavelmente. E, com isso, corremos o risco de ver aumentar a população de idosos até as dimensões de um continente, dando ao Ocidente o aspecto de um serviço de geriatria (eis por que a prevenção sistemática contra os jovens é uma ideologia de nações que envelhecem). Mas nossas lamentáveis excursões à Terra Prometida da Saúde Total[1] não deixam nada a desejar aos suplícios dos antigos devotos. Desejando eliminar toda anomalia, toda fraqueza, terminamos por negar o que constituía a principal virtude da saúde: a despreocupalção consigo mesmo ou, como dizia Leriche, o "silêncio dos órgãos" (mesmo que esse silêncio fosse enganador). Não carregamos mais o cilício para refrear os arrebatamentos de uma carne rebelde, mas para punir um corpo imperfeito por não corresponder ao modelo ideal. Resultado da velha predição cristã de imortalidade e da ressurreição de "corpos gloriosos", incorruptíveis, imputrescíveis, inalteráveis, dos quais a ficção científica tem sido o eco. Nossos delírios cientificistas vêm diretamente da religião da qual pretendem ser o desfecho.

Só um doente pode considerar que "a saúde é a felicidade"[2]. Para quem está bem, ela é um estado de fato, nem mais nem menos. Fazer dela o equivalente da felicidade é subentender que nós somos todos moribundos sem saber e que precisamos desta revelação. Diante disto devemos sempre fugir de alguma coisa, seja tensão excessiva, digestão malfeita ou uma tendência a engordar, nunca estaremos suficientemente esbeltos, suficientemente musculosos, suficientemente bronzeados. O ideal terapêutico torna-se uma idéia fixa que jamais nos deixa, que as mídias e os nossos próximos tratam de nos lembrar incessantemente. Em nome desta norma, agravada ainda pela medicina preventiva e pela pesquisa genética, nos

[1] Lucien Sfez demonstrou muito bem essa nova utopia da saúde perfeita com sua ambição bioecológica de purificar o homem e o planeta, e recriar um novo Adão tecnológico e perfeito: *La Santé parfaite*, Seuil, 1995.

[2] Propaganda da revista *Santé Magazine*, de 2 de janeiro de 2000.

tornamos todos inválidos potenciais a escrutar angustiados nossos quilos supérfluos, nosso ritmo cardíaco, a elasticidade de nossa pele. Estranho encarniçamento em examinar-se, fustigar-se, que faz do corpo, como antigamente o cristianismo, um lugar de ameaça latente (Baudrillard). Só que agora corremos menos o risco das chamas do Inferno do que do enfraquecimento, do desmoronamento de nossa aparência. E porque a forma é um sinal de eleição, como era a fortuna para os calvinistas, a recompensa aos que não se cuidaram, aos que se negligenciaram se torna, inversamente, sinônimo de fracasso, de abandono. Decorre deste fato a freqüente comparação das nossas salas de musculação e seus aparelhos com os instrumentos de tortura da Idade Média: salvo que aqui todos nós somos supliciados voluntários. E o *body-building* manifesta bem esse sonho de recriação da anatomia pela própria pessoa: o espantoso paradoxo de um excesso de músculos que tende a fazer o corpo parecer o de um esfolado, como se o interior aparecesse por cima da pele, virasse ao contrário como uma luva para testemunhar a agressão, com todas as veias e tendões aparentes, que a própria pessoa se infligiu.

O ADEUS À DESPREOCUPAÇÃO

A saúde anexa, pois, todos os domínios da existência: já em 1978, em Atlanta, a OMS a definira como "o bem-estar completo, físico, mental e social". Para alcançá-lo nada deve ser negligenciado, nem mesmo os métodos espirituais. Reconciliação mágica de todos os valores: ser bom faz bem[1],

---

[1] "A compaixão que exerço me faz bem, em troca. É a melhor das proteções, e sou seu primeiro beneficiário. Ela me assegura a paz interior, a saúde do

a compaixão aumenta a taxa de imunoglobulina A, um anticorpo que ajuda a combater as infecções respiratórias, aumenta a esperança de vida, atenua a depressão[1]; a paz de espírito atrai a amizade e o dinheiro[2]; crer em Deus é excelente para a saúde e aqueles que têm fé desfrutam de uma longevidade reforçada, tudo isto é provado cientificamente[3]! Esta é a razão para a demanda ilimitada de serviços médicos, farma-

---

corpo, os dias felizes, uma longa vida. Sem falar das vidas que virão." (O Dalai-Lama e Jean-Claude Carrière, *La Force du bouddhisme*, Presses-Pocket, 1998, p. 129. Um dos raros livros de entrevista com Sua "Santidade" em que o entrevistador ultrapassa de muito longe o entrevistado.)

[1] "Quando David McClelland, psicólogo de Harvard, mostrou a um grupo de estudantes um filme sobre o trabalho de Madre Teresa com os doentes e pobres de Calcutá, eles admitiram que o filme tinha revelado neles sentimentos de compaixão. Em seguida, a análise de suas salivas revelou um aumento da taxa de imunoglobulina A, um anticorpo que ajuda a combater as infecções respiratórias. Em uma outra experiência conduzida por James House, do centro de pesquisas da Universidade de Michigan, os pesquisadores chegaram à conclusão que participar regularmente de missões voluntárias, comportar-se com os outros com calor humano e compaixão aumenta claramente a esperança de vida e provavelmente a vitalidade geral. Por outro lado, ajudar os outros induz um sentimento de felicidade, apazigua o espírito, atenua a depressão." (O Dalai-Lama e Howard Cutler, *op. cit.*, pp. 122-3).

[2] "Coloco, portanto, a paz de espírito em primeiro lugar: se você tiver o espírito em paz, sua saúde vai segui-lo: os seres pacíficos atraem os bons companheiros, e uma disposição feliz atrai em geral o dinheiro. De qualquer modo, aquele ou aquela que tiver o espírito em paz utilizará o dinheiro de maneira correta." (O Dalai-Lama e Fabien Ouaki, presidente do grupo de revistas Tati, *op. cit.*, p. 26.)

[3] "Recentes pesquisas parecem confirmar que a fé contribui de maneira substancial para a felicidade e atestam que as pessoas que professam uma fé, seja ela qual for, sentem-se em geral mais felizes do que os ateus. De acordo com esses estudos, a fé permite enfrentar melhor a idade, os períodos críticos ou os acontecimentos traumatizantes. E ainda mais, as estatísticas mostram que as famílias dos indivíduos que professam uma fé poderosa apresentam taxas mais baixas de delinqüência, alcoolismo, consumo de medicamentos e fracasso matrimonial. Alguns índices tendem até a demonstrar que a fé é benéfica à saúde, mesmo em casos de doenças graves.

cêuticos, estéticos, místicos, para a conversão do remédio em prótese destinada a melhorar nossa satisfação, sustar a degradação de nossos sentidos, atenuar a angústia. Toda sorte de entorpecentes perfeitamente lícitos e análogos ao *soma* do *Admirável mundo novo*, de Huxley, como o Prozac ou a melatonina, reputados como capazes de regular nossos humores, manter-nos jovens até o fim[1]. Correndo o perigo, próprio dos remédios milagrosos, de tirar a legitimidade da angústia existencial, de marcar a dificuldade do ser com a chancela da fragilidade (da mesma maneira que o uso do Viagra, se for por conforto, corre o risco de penalizar os lapsos do desejo em nome de um desempenho transformado em absoluto, e negar a fragilidade da carne em seus eventuais abatimentos tanto quanto em seus triunfos). Estamos longe da sabedoria clássica que nos prodigava em conselhos para nos poupar dos problemas cotidianos: Alain ainda multiplicava as recomendações quanto a parar de tossir, curar o soluço, livrar-se de um cisco no olho, não se aborrecer em viagens de trem. Técnicas eficazes de domínio circunscrito e que não pretendiam de forma alguma abarcar a totalidade da vida. Mas, com a química, muito mais sedutora por ofertar imensas e incontestáveis ajudas, são-nos oferecidos "êxtases portáteis"

Centenas de estudos epidemiológicos atestam uma correlação positiva entre fé, taxa de mortalidade mais baixa e melhor saúde." (O Dalai-Lama e Howard Cutler, *op. cit.*, p. 283)

[1] William Regelson, professor da faculdade de medicina da Virgínia e divulgador da melatonina, crê assim o roteiro da felicidade futura: "É seu aniversário. Você adora seu trabalho, mas cancelou os encontros da tarde para festejá-lo. Vai jogar *squash* com um amigo, depois vai encontrar sua mulher em um bar onde se toque *jazz*. Reservou a suíte Lua de Mel, onde tem uma *jacuzzi*. No dia seguinte, vai andar de patins com os bisnetos na praça: isto não é mais o roteiro futurista dos seus netos, e sim a sua vida." (Citado em *Le Nouvel Observateur* por Sarah Daniel, 1995).

(Thomas De Quincey, a propósito do ópio), o bem supremo na forma de um pequeno comprimido.

A saúde tem seus mártires, seus pioneiros, seus heróis, seus santos, mas, em todos os casos, deve nos custar no duplo sentido do termo, tanto financeira quanto psicologicamente, por meio de toda sorte de controles, de vigilâncias. *Ela nos coloca numa situação de nunca podermos nos esquecer*, pois moléstia e cura se distinguem cada vez menos, a ponto de existir o risco de estar sendo criada uma sociedade de hipocondríacos, de "disfuncionados" permanentes. O único crime no qual poderíamos incorrer em relação à saúde é o de não pensarmos nela dia e noite. Já na infância recebemos o ultimato de resgatar nossa imperfeição, de nos remodelar dos pés à cabeça. Esse trabalho sobre si, essa interminável inspeção, mesmo que esteja relacionada a coisas tão fúteis quanto cuidar do bronzeamento ou emagrecer antes das férias, é equivalente a uma redenção moral. Pois nossos professores de bem-estar, sejam eles religiosos, psicólogos, filósofos ou médicos, são gentis inquisidores que nos tiram, até a última gota, a principal fonte de alegria: o desprendimento, a omissão, a despreocupação com os pequeninos males cotidianos. (É o que chamamos de estado de graça: um parênteses de encantamento durante o qual conseguimos manter a distância a malta ululante dos tormentos, quando o acaso e a sorte se juntam para nos inundar com suas doçuras.) Enquanto na época medieval cada ser vivo era um morto em *sursis*, hoje, graças à ciência, a todos é prometido tornar-se um imortal potencial; mas quantas penas, sacrifícios, para ganhar alguns anos e atingir o "paraíso" dos centenários. Talvez precisemos um dia, contra o novo dogma da imortalidade, reclamar o direito de morrer, apenas isto, como nossos ancestrais.

A angústia reside no medo de não nos comportarmos segundo as exigências, de não demonstrarmos suficiente dinamismo ou iniciativa dentro desse universo altamente competitivo. As pessoas medem o próprio valor, castigam-se com a minúcia de um orientador espiritual. Faz muito tempo que a felicidade majoritária deixou de fazer parte apenas dos domínios da frivolidade, do romance cor-de-rosa, da literatura de estação de embarque: tornou-se também dura, exigente, inflexível[1]. É uma mortificação que chega a nós sob uma máscara de amenidade e mansuetude, e nos dá a ordem de jamais estarmos satisfeitos com nosso estado. À fisionomia severa dos antigos pregadores sucedeu o sorriso onipresente dos novos. A terapia por meio do sorriso: é a vantagem incontestável, em termos de mercado, dos budistas em relação aos cristãos. É por isto que os budistas progridem tanto em meio aos ricos dos países temperados, enquanto que protestantes e católicos convertem principalmente os pobres nos países tropicais.

Podemos, aliás, refletir a respeito da causa do sucesso do Dalai-Lama na mídia francesa, em contrapartida com seu relativo fracasso político. Apostando na popularidade do budismo para defender a causa tibetana, ele talvez tenha cometido um contra-senso: conseguiu fazer do primeiro uma moda, adaptando-o e suavizando-o, mas esvaziou a questão do segundo. Vindo do exílio, tal qual um Moisés asiático des-

---

[1] É por isso que a doença do século é, como corretamente notou Jean Cazeneuve, a crise do ajustamento à felicidade pré-fabricada, não o *spleen* ou a melancolia, mas, sim, a úlcera e o infarto: *Bonheur et civilisation*, Gallimard, 1962, p. 202. Assim como Alain Ehrenberg demonstrou convincentemente de que maneira a depressão, a ansiedade, a inibição nascem de uma *Fatigue d'être soi*, Odile Jacob, 1998.

cido de seu Himalaia para nos revelar verdades essenciais, dotado de uma história e de uma cultura extraordinárias e de uma tradição maravilhosa, transformou-se com o tempo num guru mundano (como antes dele os Rajnesh, os Mahesh-Yogi, como hoje em dia Deepak Chopra, o mentor dos astros hollywoodianos[1]), um misto de conselheiro conjugal, nutricionista e conselheiro espiritual, que esbanja suas respostas, pois as tem para tudo, com tolerância e afabilidade. Como se tivesse se transformado, provavelmente sem saber, em um completo produto de *marketing*, uma espécie de camelô especializado em sabedoria e serenidade, pontuando cada uma de suas intervenções com uma explosão de riso já famosa. Suplemento de espiritualidade para um Ocidente materialista — o amor ao próximo estaria reservado mais para o padre Pierre* ou Madre Tereza —, ele recita amáveis platitudes perfeitamente ajustadas aos gostos do público europeu e americano. Seu talento específico terá sido o de inventar, como Paulo Coelho, um esperanto espiritual mundial acessível a todos, sem barreiras nem limitações, um discurso camaleônico adaptável a qualquer auditório. Este campeão do ideal monástico é objeto de um culto que beira a idolatria, sobretudo entre seus discípulos ocidentais; esses ardentes fanfarrões do obscurantismo judaico-cristão perdem completa-

---

[1] Deepak Chopra é o autor, entre outros, de *Ageless Body, Timeless Mind* (Harmony Books, Nova York, 1999), nos quais defende a idéia de que a senilidade, a enfermidade e a morte pertencem ao passado, ao passo que está se delineando uma realidade nova, centrada na criatividade, na alegria, na realização e no eterno vigor.

* Padre francês nascido em 1912: doou sua parte do patrimônio familiar a diversas obras de caridade, lutou na II Guerra Mundial, militou na resistência, responsável pela realização de inúmeros projetos de ajuda a pobres e carentes, tendo ajudado a fundar as primeiras comunidades Emmaús, em diferentes países. (N.T.)

mente o senso crítico diante dele, todo o distanciamento, prosternam-se e extasiam-se sem pudor. O espantoso não é que o Dalai-Lama seduza — ele tem por que seduzir, e a saga tibetana é tão fabulosa quanto a ocupação chinesa é abjeta — mas, sim, que ele se entregue a esse sucesso com um júbilo quase infantil, cada vez mais ávido por publicidade, tribunas, entrevistas. Estamos longe, com relação a este profeta cabotino, da exigência ética e histórica de um Mahatma Gandhi, de um Martin Luther King, grandes apóstolos da não-violência. Ele, que veio para anunciar o Oriente, foi por nós transformado num histrião à nossa imagem. No supermercado da fé, içou-se ao primeiríssimo plano, desbancando papa, pastores, rabinos, patriarcas, imames, todos decididamente muito rebarbativos. Sem querer julgar antecipadamente o futuro, não estou certo de que o budismo e o povo tibetano tenham ganho muito com essa promoção.

OS ASSINANTES DA MÁ SORTE

Entre dois caminhos eles escolhem sempre o pior e dispõem de um talento inacreditável para entrar em todos os vespeiros. Vão sair de férias? É certamente para ser assaltados, pegar o vírus mais raro da região. Basta anunciar uma festa ou um feriado que eles se tornam amargos, desapontados como se fossem pessoalmente insultados pelo júbilo coletivo. Exibem uma engenhosidade fantástica para estragar tudo que empreendem e são "os próprios autores de sua infelicidade" (Paul Watzlawick) com uma constância e uma taxa de vitória dignas de admiração. A vida deles está sempre parecendo um amontoado de ruínas, mas a idéia de predestinação os conforta. Encadeiam as desditas com um automatismo que desperta o riso, um pouco como esses doentes que colecionam as mais atrozes patologias, a ponto de se tornar eles próprios uma antologia da morbidade. Artesãos apaixonados de seu próprio desastre, permitem-se um refinamento na exposição do detalhe penoso que chega à filigrana do estilo. A morte deles será tão ridícula quanto a vida, atroz é claro, mas sem grandeza.

Neurose do fracasso? Nada garante. Pois o infeliz crônico tem em mente, como cada um de nós, ser reconhecido; e a sina infeliz é a única assinatura que ele pode apor ao mundo. Adquiriu com esforço o direito de falar mal desta vida, e ela o recompensa à altura! Esse pobre diabo só está à vontade na catástrofe: uma boa nova o faria mergulhar na perplexidade. Ao contrário da maior parte de nós, que alternamos os bons e os maus momentos, sua constância na desventura o enche de um orgulho paradoxal, designa-o como um eleito. É um fracassado, decerto, mas, no fundo de sua miséria, assenta-se sobre um trono magnífico: o trono dos condenados.

O CAMINHO DA CRUZ DA EUFORIA

A nova felicidade implacável acumula duas intimidações: tem o poder discriminador da norma e a potência imprevisível da graça. É uma bênção que se torna ainda mais insidiosa por nunca estar garantida e pelo fato de seus titulares provisórios — os belos, os felizes e os afortunados — poderem ficar despossuídos de uma hora para outra. A pequena minoria dos aprovados opõe-se à massa dos reprovados, dos hereges estigmatizados como tais. Injunção cruel por ser imprecisa e esquivar-se à medida que nos inclinamos diante dela. É preciso sofrer para poder exibir o sorriso feroz dos vencedores que tiveram que batalhar, eles próprios, para chegar até lá e temem, por sua vez, ser destronados. É o papel, por sinal, da imprensa supostamente frívola, masculina ou feminina, ficar nos lembrando semana após semana deste preceito. Ao mesmo tempo recreativa, educativa e coercitiva ou, para falar na linguagem dela, "prática, divertida e simpática", sustenta permanentemente duas coisas contraditórias: que a beleza, a forma, o prazer estão ao alcance de todos que queiram, de verdade, pagar o preço. Mas os que negligenciarem serão os únicos responsáveis pelo próprio envelhecimento, pela própria feiúra, por sua incapacidade de gozar. Vertente democrática: ninguém é mais condenado a seus defeitos físicos, a natureza não é mais uma fatalidade. Vertente punitiva: nunca se considere quite, você pode fazer melhor, o menor relaxamento vai precipitá-lo no inferno dos frouxos, dos flácidos, dos frígidos[1]. Essa imprensa supostamente frívola, mesmo sendo terrivelmente severa, repete página por página imperativos categóricos discretos, mas ricos em significado: não contente em nos oferecer modelos de homens e de mulheres sempre mais jovens, mais perfeitos, ainda nos sugere um contrato tácito: faça como eu digo, que talvez você se aproxime desses seres sublimes que aparecem em cada número. Ela brinca com medos bastante naturais, como envelhecer, enfear, engordar, e não os aplaca senão para melhor revelá-los[2].

---

[1] Tal como na capa da revista *Biba*, de julho de 1999: "Prioridade ao prazer! Sim, sim, você pode fazer melhor!"

[2] Um exemplo entre tantos outros: a revista *Men's Health* (maio-junho de 1999), destinada ao público masculino, oferece as seguintes rubricas: cinco truques para emagrecer sem esforço, como se conter mais de três minutos durante o ato sexual, como manter a libido em bom estado, como sair vivo de um desastre de avião, sobreviver a um ataque cardíaco, a uma crise conjugal, como diagnosticar o estado da próstata, fazer amor todos dias até o último dia, etc. Debaixo do humor dos títulos é preciso estar atento ao pequeno refrão que vira um pesadelo. Acreditando folhear uma revista de diversão, abrimos um catálogo de delitos potenciais que faz pairar a dúvida sobre todos os instrumentos do prazer. O divertimento passa a ser inseparável da correção.

Enquanto ela ainda era um "soberbo artigo de fé" (Cícero), a felicidade podia fazer sonhar, continuar sendo o horizonte de um desejo sempre vivo e voraz. Quando se tornou o único horizonte de nossas democracias, dependente do trabalho, da vontade e do esforço, passou necessariamente a produzir angústia. Que a redenção agora passe pelo corpo, e não somente pela alma, em nada altera a questão: precisamos nos reabilitar de ser o que somos; seja qual for a idade, o organismo é sempre uma mecânica defeituosa que deve ser consertada. Em qualquer circunstância minha felicidade me põe inquieto, envenena minha existência com toda sorte de comandos irrealizáveis. Como os altos funcionários da casa real da Tailândia, que têm que pedir ao rei, quando estão agonizando, uma autorização para morrer acompanhada de flores e de um bastão de incenso, nós nos remetemos aos que anunciam a cantilena da beatitude para que nos digam se estamos no caminho certo. Nosso hedonismo, longe de ser um epicurismo conveniente ou um dionisismo orgíaco, é invadido pela desgraça e pela ruína. Mesmo sendo bons alunos, nosso corpo continua a nos trair, a idade continua a nos marcar, a doença a nos atacar a torto e a direito, e os prazeres a nos passar ao largo ou escapar-nos a um ritmo que nada deve à nossa vigilância ou à nossa resolução. Não somos os donos nem temos poder sobre nossas alegrias, que estão sempre a se esquivar dos encontros que marcamos com elas, mas aparecem quando menos as esperamos. E a determinação de expurgar ou de desinfetar tudo que é fraco, quebradiço no corpo ou no espírito — tristeza, sofrimento, vazios existenciais — tropeça em nossa finitude, na inércia da espécie humana, que não se deixa manipular como qualquer substância. Em outras palavras, temos o poder de evitar e corrigir certos males. Mas, da mesma maneira que a paz não é a simples interrupção da guerra, e sim algo de mais positivo (Spinoza), a felicidade não é a ausência da adversidade, ela é uma outra qualidade de emoção que não depende de nosso empenho nem de nossa sutileza. Podemos não estar desesperados sem contudo estar imersos na euforia. Podemos, em meio a uma grande devastação, conhecer momentos de êxtase extraordinários.

A felicidade vivida como uma maldição: é a vertente tenebrosa do sonho americano, como mostrada em tantas obras. Trabalhar para recriar o paraíso sobre a terra, afastado das desordens do planeta, descobrir por sua vez que ele é impuro, contaminado, e que "a terra prometida já é uma terra eternamente comprometida" (Jankélévitch). Mas este sonho se desfaz apenas para melhor renascer de suas cinzas: os que o atacam reativam, mesmo sem querer, sua promessa. Pois nossas sociedades colocam na categoria do patológico o que as outras culturas consideram normal, a preponderância da dor; e colocam na categoria do normal, até do necessário, o que as outras vivem como excepcional, o sentimento de felicidade. Não se trata de saber se somos mais ou menos felizes que nossos ancestrais: nossa concepção do assunto variou, e mudar de utopias é mudar de exigências. Mas nós constituímos provavelmente as primeiras sociedades da história a tornar *as pessoas infelizes por não ser felizes.*

Belo exemplo de "a desconcertante facilidade com a qual a busca de um ideal pode resultar no seu contrário" (Isaiah Berlin). Nós, os danados da Alegria, os remadores das galés do Prazer, conseguimos recriar pequenos infernos com as armas do paraíso. Desejando todos nos sentir encantados, sob a pena da morte social, transformamos o hedonismo em um trabalho penoso, em chantagem, colocamo-nos sob o jugo de uma felicidade despótica. Com essa configuração, a infelicidade adquire a dimensão fantástica do que é negado, mas, contudo, subsiste: um fantasma, espectro que aterroriza ainda mais por não conseguirmos designá-lo. Deixemos os intoxicados pelo Éden com seus dogmas e *diktats*. Temos em vista, aqui, somente eliminar culpas, tornar mais leve a carga: que cada um tenha a liberdade de não ser feliz, sem, por isso, sentir vergonha ou de sê-lo de maneira episódica, como bem entender. Sem respostas categóricas, sem estabelecer leis, sem impor. Se não quisermos que uma aspiração legítima degenere em um castigo coletivo, é preciso tratar o impiedoso ídolo da felicidade com a mais extrema desenvoltura.

SEGUNDA PARTE

*O reino do insípido**
ou
A invenção da banalidade

* Esta expressão é de Victor Segalen.

Capítulo IV

A EPOPÉIA ACRE-DOCE DA MONOTONIA

"A forragem onde o feliz gado humano está deitado."

Mallarmé

Parece que existe em Londres um clube muito fechado que exige de seus membros, sob pena de expulsão, que só profiram clichês. Qualquer um que tentar elevar o nível do debate ou emitir um pensamento, mesmo que pouco interessante, é imediatamente excluído. Exercício temerário que não requer menos agilidade de espírito do que um debate jurídico ou um concurso de oratória.

Não é desta obrigação de platitude que estamos falando aqui, desta desvalorização dos seres, das coisas e dos discursos num mundo comum que os torna todos equivalentes[1]. Mas de uma outra banalidade, que antecede por completo a divisão entre banal e original, e que nasce de uma transformação do mundo medieval: novo regime temporal que se caracteriza pelo início da descrição em prosa do mundo, pela vitória do

[1] Lucien Jerphagnon dedicou a este fenômeno um livro muito bonito, *De la banalité*, Vrin, 1965.

profano sobre o sacro. A religião, tal como era exercida até a Revolução Francesa, preenchia uma dupla função: orientava a existência terrestre e idealizava seus aspectos menos brilhantes. O tempo humano encaminhava-nos em direção à eternidade por meio de um certo número de provações: como o peregrino John Bunyan, que foi da Cidade da Destruição até a Cidade Celeste, passando por uma série de impasses, como a Feira das Vaidades ou a Lagoa do Desespero (*O progresso do peregrino*, 1678). A perspectiva do Além permitia compensar os aspectos mais humildes, mais miseráveis, da condição humana. A mais ínfima mesquinhez estava salva, prometia-se a libertação do universo inteiro, com suas feiúras e seu vazio.

A LIBERTAÇÃO E O FARDO

A partir do momento em que o homem substitui Deus como fundamento da lei e a religião se retira do domínio público para se tornar uma questão privada, o tempo ganha uma certa autonomia; deixa de ser apenas um caminho em direção ao eterno e passa a depender de nós, exclusivamente de nós, que vá a algum lugar. Torna-se o meio no qual o indivíduo pode crescer e se construir sozinho, mas também o nevoeiro dentro do qual pode se perder. É ao mesmo tempo criador e enganador. É esta a descoberta moderna: que a vida não é tão repetitiva quanto dizem, que é possível inventar o novo, mas que ela também se repete de forma atroz. Ao "violento *pathos* da vida medieval" (Huizinga) sucede o indeterminismo de uma duração igualmente fértil e fastidiosa.

Boa e má notícia sobre a retirada divina: uma oportunidade para desenvolver sem tutela a independência humana, mas também o peso do cotidiano a ser carregado à custa de muito suor. Apenas Deus, por meio da criação contínua, permitia às coisas perseverar em seu ser e era capaz de evitar que "recaíssem em seu nada inicial" (Santo Agostinho). Uma vez afastado e reduzido em seu papel de Grande Relojoeiro (e a multiplicação das provas de sua existência até Kant prova o quanto esta se tornara problemática), faz desaparecer deste universo toda justificativa. Privadas de seu conservador divino, as coisas revelam sua gratuidade, sua tenuidade, o fato de que "elas são o que são" (Hegel). Ao sublime medieval sucede o trivial moderno, ao grande absoluto sucede o pequeno relativo. Terrível vertigem do homem repentinamente aliviado de seus entraves, experimentando menos um desencanto do que uma desorientação; descobre-se livre, porém pigmeu. Emancipado do poder feudal que o mantinha atado à sua nascença e da lei religiosa que o prendia à preocupação com a salvação, já não distingue predestinação nem destinação.

Mas com essa emancipação nasce também a banalidade, isto é, a imanência total da Humanidade à ela mesma. Não há mais como escapar, a não ser para o futuro. O céu ficou baixo, pesado. Estamos condenados a ser somente deste mundo, compelidos a residir aqui mesmo. Nada além da terra, poder-se-ia dizer parodiando Paul Morand, e seu grande subúrbio, o cosmos. Não mais fecundado pela espera de uma vida melhor, nosso planeta se voltou para dentro de si mesmo. Por meio da religião, tratávamos de expiar os pecados para ganhar a salvação. A questão agora é expiar o fato de apenas ser. A pergunta: como viver de acordo com Deus, que foi durante mais de um milênio a grande questão da Humanidade ocidental, foi sendo substituída pouco a pouco por uma outra, que retoma as preocupações dos Antigos: como apenas viver?

Fim do face a face patético com o Ser Supremo, da dramaturgia bíblica que tinha algo de dueto amoroso, cena doméstica e apresentação em juízo. Deixado a sós com ele mesmo, o homem precisa reaprender tudo: o simples fato de nascer, amadurecer, envelhecer torna-se problemático. Nada mais nos poupa do prosaísmo que antigamente constituía a modesta parte da existência, que podia ser corrigida pelas preces, pela fé e pelos ritos. Se é preciso libertar-se agora, é seguramente do cotidiano que nos impregna; e contrapomos menos o pecado à graça do que o comum ao excepcional. Um novo campo de batalha se abre contra o tempo, mestre inconteste tanto quanto inalcançável, como se a espécie humana tivesse se libertado do desejo de eternidade apenas para cair na dependência da duração profana.

A emergência do Iluminismo é inseparável não de uma face de trevas, como se disse com muita freqüência, mas de uma zona cinzenta que as grandes ideologias com sua transcendência horizontal não conseguirão jamais apagar. Decorrem deste fato as duas vias que o prazer irá adotar: a exaltação, procura desenfreada da intensidade, ou a monotonia, prazer paradoxal do insípido em suas mil formas possíveis. É esta a razão de se associar modernidade e democracia às noções de mediocridade, mesquinhez, trivialidade, novas divindades do pequeno-burguês universal. É esta a aventura ocidental: relegar a crença ao foro íntimo, reivindicar o planeta como exclusiva propriedade do homem, dessacralizá-lo para permitir sua exploração racional e científica. Mas sobre esse gigantesco canteiro, esse extraordinário frenesi de invenções e descobertas, a poeira da banalidade que se insinua por toda parte emperra as engrenagens, envenena as almas e os destinos. Estabelece-se uma heteronomia grotesca que não é mais a de Deus, mas os *farrapos mortos do tempo*, do desgaste da repetição dos dias que se sucedem. A banalidade é o destino dos homens sem destino, oportunidade tanto quanto servidão que sobrevém a todos igualmente. É ela que repatria para cá o inferno, o paraíso e o purgatório, que dá a todos nós a possibilidade de conhecê-los sucessiva ou simultaneamente ao longo de uma existência.

Por fim, à dramatização cristã da salvação e da perdição corresponde a dramatização laica da vitória e do insucesso. Disto ninguém pode escapar. Tudo se passa no pequeno lapso de tempo de uma vida, sem remissão, sem a consolação de um outro mundo para nos aliviar dos infortúnios presentes e passados. Uma existência, uma única, ainda mais pungente por ser única, na qual o temporário tem caráter de definitivo. Mas quem estabelece os critérios da derrota ou da vitória, quem determina as normas oficiais? Que instância irá separar os eleitos e os danados? Como disse Dante, "a via justa se perdeu". E quem nos garantirá que uma via perdida segundo as regras vigentes não era na verdade uma via feliz? De maneira implícita vai sendo delineado o mal existencial, afecção das classes abastadas desde o século XVIII e que, por uma lenta democratização do mal-estar, propaga-se à maioria (talvez seja este o destino da democracia: extensão a todos dos sofrimentos das elites, menos seus privilégios). Como se a existência inteira, entregue a ela mesma e a seus poderes, se tornasse uma tarefa sobre-humana. "É muito perigoso viver, mesmo que seja por um dia." (Virginia Woolf, *Mrs. Dalloway*)

A TRANSFIGURAÇÃO DA ROTINA

O que é um hábito? Uma técnica específica de economia de energia. Nasce do princípio de conservação: não ter que refazer tudo cada manhã, criar reflexos para absorver o incidental, o particular. Uma vida sem regra seria um pesadelo, pois, ao se tornar uma segunda natureza, a regra nos poupa de esforços repetidos. É ela que nos permite dominar uma arte ou uma atividade que no começo nos esgotava. Nós nos prendemos aos hábitos porque eles imprimem um ritmo à nossa existência, constituem sua coluna vertebral. Não são meras fontes de tranqüilidade, atestam também a fidelidade a nós mesmos. Renegá-los seria se renegar. A grande arte não consiste apenas em quebrar a rotina, mas em fazer malabarismos com alguns deles para não depender de nenhum. E nem precisamos de tantos dos nossos velhos hábitos para inventar um novo. A isto se dá o nome de renascimento.

Existe também uma volúpia da repetição cujo ardil definitivo consiste em apagar-se, passar despercebida no momento em que reina absoluta. Nela o tempo desaparece de tanto voltar ao idêntico. Obcecado pela originalidade, o Ocidente cultiva uma visão muito negativa do repetitivo. Existem culturas nas quais a volta ao mesmo tema, como a imobilidade de uma nota indefinidamente soada na música árabe ou indiana, termina por estabelecer imperceptíveis diferenças. Essas melodias, terrivelmente monótonas na aparência, são elaboradas com ínfimas variações. Concorrem com o silêncio e hipnotizam-nos com sua maneira singular de prolongar-se sem sair do lugar.

Definitivamente, não é a repetição que corrói a vida, mas nossa incapacidade de exaltá-la por meio de uma arte de viver que espiritualize o que é de natureza biológica e eleve o mais insignificante momento ao nível de uma cerimônia. É talvez isto o que distingue as duas partes do mundo ocidental, mesmo que elas tendam a se aproximar. Os americanos, dignos utilitaristas, crêem na felicidade, inscreveram-na em sua Constituição e estão sempre prontos a ensiná-la, a prescrevê-la a todos. Enquanto os europeus, mais céticos, apreciam seus prazeres e sobretudo o *savoir-vivre,* o qual, moldado por meio de uma longa tradição, forma uma espécie de civilidade coletiva que integra alegrias e tristezas.

Observem a oposição entre o *fast-food,* princípio de alimentação rápida, solitária e barata, e a gastronomia, princípio de degustação em que há o convívio e se consome o tempo. Duas maneiras de apreender a duração: matá-la, abreviando o que se repete, ou fazer dela uma aliada, elevando-a ao nível de uma liturgia. Uma decorre de uma sociedade de serviços fundamentada na comodidade e no imediatismo, a outra de uma sociedade de usos, que vê seu patrimônio e costumes como tesouros de inteligência e de *finesse* que seria criminoso esquecer. O charme do Velho Mundo é a diversidade de suas culturas, que resistem ao nivelamento planetário. O magnetismo do Novo Mundo é o reflexo da inovação sistemática. No Velho Mundo, nascer é ser precedido, deter o saber de um tempo longo; no outro, é anular os antecessores e rumar em direção à terra prometida do futuro.

A verdade é que as duas soluções nos tentam e que gostaríamos de nos beneficiar dos atrativos do passado, sem suas limitações, e das vantagens do presente, sem seu empobrecimento. Filhos que receberam uma herança múltipla, oscilamos entre a nostalgia do ritual e as fantasias da grande simplificação.

A INÉRCIA FRENÉTICA[1]

Em 1998, uma jovem mulher de Washington criou um *site* na Internet no qual se podia vê-la andar pela casa durante 24 horas, acompanhá-la nas tarefas mais corriqueiras. Deixemos de lado o exibicionismo de tal projeto, mais tarde

[1] Retomo aqui, sob um outro ângulo, um tema já examinado em Pascal Bruckner e Alain Finkielkraut, *Au coin de la rue l'aventure*, Seuil, 1979.

repetido por muitos outros, e constatemos o seguinte: somente um contemporâneo poderia conceber ser filmado dia a dia, sobretudo se essa pessoa leva uma vida rigorosamente semelhante à de todo o mundo. Existe uma seriedade, uma intenção deliberada nesse exercício de recomposição mecânica. O vídeo retoma no caso presente o papel anteriormente representado pelo diário íntimo; mas onde a escrita bem ou mal discriminava, a câmera registra tudo, como uma lata de lixo sendo enchida, uma banheira que é esvaziada, uma horta crescendo, um par de chinelos, sem esquecer dos episódios palpitantes do deitar-se, levantar-se, do sono. O espantoso, no caso, é dar alguma importância a essa assustadora rotina, é esse apreço pela banalidade. Talvez devamos ver aí a vontade de recuperar cada instante das horas e das semanas colocando-os diante do olhar coletivo de milhares de internautas, mas também o desejo de se tranqüilizar, constatando que estamos todos na mesma situação: a da vidinha de todos os dias. Como se formássemos a comunidade virtual daqueles a quem nada sucede, a tribo digital dos "despossuídos de acontecimentos".

Acerca do cotidiano se podem afirmar duas coisas contraditórias: que ele se repete tanto quanto nos extenua. Invade-nos com o retorno das mesmas coisas, faz do amanhã a réplica do hoje que ele mesmo reproduziu ontem com uma constância digna de um disco arranhado. Suas leis são tão rigorosas quanto as do cosmos ou da gravidade. Conformidade, normalidade, uniformidade: pregnância do já visto, do já vivido, triunfo do incolor e do inodoro, ronda sem fim por meio do idêntico. Que traz de volta um eterno presente sem futuro nem passado, como se todos os dias tivessem se fundido em um único. Seu paradoxo é abolir o tempo a partir do próprio tempo, é ser uma careta da eternidade, um pouco como o relógio, segundo Gilles Lapouge, que fabrica a eternidade a partir do movimento perpétuo[1]: dispõe de um poder de erosão que atenua os acontecimentos mais terríveis; nele tudo se engolfa. É por isso que, aliás, a maior parte das metáforas do tédio são metáforas de atoleiro, tolhimento ou rigidez: navio preso na armadilha dos gelos e estático para sempre, segundo Baudelaire e Poe, pântano dormente em Flaubert, geleira estéril que paralisa o pássaro segundo Mallarmé, triste planície sob a neve do inverno para Verlaine, depósito calcário que termina por obstruir as canalizações segundo Moravia, viscosidade de uma natureza que nos engolfa, segundo Sartre. Por muito tempo a província, como categoria geográfica tanto quanto metafísica — sobretudo nos países fortemente centralizados como a Rússia e a França —, representou essa vida sem grandes vôos, interminável hibernação cuja vacuidade a literatura há dois séculos se dedica a descrever. Vida medíocre, desolada, eternamente desinteressante, na qual gerações inteiras encerraram-se como em um mausoléu. Estado vegetativo, luto antecipado no qual se renuncia a tudo que a terra tem de doce, agradável, emocionante, antes mesmo de se ter conhecido alguma coisa, amado alguma coisa. O termo província, sabemos, caiu em desuso com o fim do modelo jacobino e a emergência das regiões.

O cotidiano, espaço de uma eterna ladainha, neutraliza tudo, abole os contrastes, diminui a força dos conteúdos, constitui o poder de indeterminação que afoga amores, sentimentos, cóleras, esperanças, em uma espécie de gelatina

[1] Gilles Lapouge, *Utopies et civilisations*, Albin Michel, 1.ª ed., 1973, pp. 110-1.

não diferenciada. É por esta razão que ele contradiz toda esperança de exigir a felicidade como quem pede uma refeição: pois ele dissolve-a, digere-a, apaga seu sabor tão logo surge. É uma máquina que se mantém sozinha e funciona sem alimento exterior. Levantar-se, vestir-se, alimentar-se, ir para o trabalho, para realizar esses gestos simples, necessita-se de uma coragem sobre-humana. "Eu conheço um inglês", dizia Goethe, "que se enforcou para não ter que dar o nó na gravata todas as manhãs." É da atonia dos dias, de sua massa compacta, que é preciso fazer surgir uma obra, um projeto, e um verdadeiro amor é o que corre o risco do cotidiano, ousa desafiá-lo e não se deixa vencer rapidamente, avariado. O cotidiano é desprovido do atrativo patético por excelência: o suspense. Nada nele é objeto de espera, de um frêmito, embora tudo seja repisado ao infinito. Terrível alternância da pergunta: o que há de novo? E da resposta: nada, tudo velho! Se o remorso, segundo Baudelaire, é a incapacidade de desfazer, a banalidade, inversamente, é a incapacidade de fazer, de inaugurar o novo, de abrir uma brecha na massa dos instantes praticamente iguais. Este mundo sedentário, por sinal, é pleno de sedução para quem deseja ser levado pela vida, ser carregado como um barco num rio, entregar às datas do calendário, à passagem das estações a preocupação de dirigi-lo. Satisfação sedativa nessa rotina: com ela tudo acontece automaticamente, ela traveste de necessidade o que de início era gratuito. Funciona em um regime praticamente automático. A angústia que provocam em algumas pessoas os domingos e as férias — esse grande vazio a ser preenchido — nasce da ruptura momentânea de uma regra que talvez canse, mas pelo menos tranqüiliza. Para a maioria, contudo, a maldição do cotidiano é o fato de nos acompanhar dia e noite, pois gostaríamos de recortá-lo à vontade, recolhendo algumas partes e abandonando o resto. "Oh, vida, eu te amo, mas não todos os dias" (Cerroli), admirável proposição que diz tudo.

O cotidiano produz também um nada agitado: esgota-nos com suas contrariedades, aborrece-nos com sua monotonia. Não me acontece nada, mas mesmo esse nada é demais: disperso-me em mil tarefas inúteis, formalidades estéreis, conversas vãs que não vão a lugar nenhum, mas que conseguem me esgotar. É o que batizamos de estresse, essa corrosão contínua a permear a letargia que nos carcome dia após dia. Como se a própria insignificância reclamasse seu tributo. Debaixo da calma enganadora de nossas vidas descoloridas se desenrola uma guerra surda na qual a ansiedade, as preocupações nos mergulham em um estado de *tensão sem intenção*. Risível infelicidade que corrói todos nós e não constitui uma tragédia. "A vida se esvai pelo cérebro e pelos nervos (...). O nervosismo moderno é o grito do organismo que luta com o meio." (Rosolino Coella) As mil contrariedades suportadas não chegam nem mesmo a formar um acontecimento, mas são suficientes para nos fazer mergulhar nesse estado moderno por excelência, o cansaço. *Um cansaço abstrato* que não é a conseqüência de esforços específicos, pois decorre do simples fato de viver, cansaço do qual não conseguiríamos nos livrar com repouso, pois ele é justamente filho da rotina. O cotidiano ou a requisição permanente: intimação a sempre responder presente, no escritório, no automóvel, na família e mesmo nos nossos sonhos. E não existe melhor exemplo dessa urgência do que o telefone celular: ao primeiro toque conclama cada um a se lançar sobre a bolsa ou os bolsos para agarrar o bichinho a piscar e a zumbir. É, aliás, o desenvolvimento tecnológico que ameaça de segregação pelo grupo os que não aceitam as inovações imediatamente. É preciso aderir ou extinguir-se, sobretudo entre os adolescentes.

São inúmeros os apelos, os chamados a nos afastar de nós mesmos, a nos mobilizar permanentemente. Munidos de *bip*, celular, *walkman*, fones de ouvido e, dentro em breve, *microchips* no cérebro, monitores nos olhos, o novo homem protético, desvestindo objetos a todo instante, conectado ao mundo inteiro, tem tudo de um soldado conduzindo uma guerra sem fim. Esgotamento e estafa, nossos vícios modernos, dizia Nietzsche. Em luta contínua contra fantasmas, somos vítimas de danos incalculáveis, *gravemente feridos pela monotonia*. E é gritante o contraste entre a morosidade de nossa vida e o ritmo trepidante das imagens e das mídias: a velocidade com que o mundo se move põe em relevo a rotina monótona de minha existência. Tanto alvoroço de feitos e de dramas e a minha vida tão desprovida de graça. É um estranho paradoxo o fato de a banalidade vir a nós com uma feição de desordem e a astenia impor-se sob a máscara da velocidade e do turbilhão.

O estresse é o contrário da aventura, a concentração necessária para manter o cotidiano em sua aridez. E ficamos a nos debater numa "inércia frenética" (Steiner), numa azáfama que não é capaz de gerar o inesperado. Sofremos todos os inconvenientes da dispersão sem as belezas do acaso, sem os benefícios de uma verdadeira surpresa. Estagnamos em um estado intermediário que não é nem alegria nem sofrimento: em vez de sentirmos o tempo nos transformar, vemos correr "os dias como o sangue de uma ferida" (Louis Guilloux). E às vezes ansiamos por um bom desastre, qualquer coisa melhor do que esse entreato sem fim, do que essa vida extenuante que não chega a se alçar à dignidade de um drama. (E sabemos que o estresse, indispensável força propulsora, pode, se for excessivo, baixar a resistência às doenças.) *"It's better to burn than to fade away"*, dizia Neil Young, citado por Kurt Cobain. É melhor queimar de uma vez do que consumir-se em fogo lento. No entanto, até o fogo lento impõe custos exorbitantes. Chega o momento em que é necessário pagar a dívida, mesmo que só tenhamos peregrinado em meio ao incolor e ao soporífero, em que uma imperceptível corrupção gangrena os destinos mais mesquinhos. Por isso a existência é de uma brevidade interminável, longa de nunca mais acabar, sempre curta demais em relação às possibilidades. Dispomos de um excedente de tempo que vai nos faltar assim que tiver passado. O balbuciar incoerente de nossas vidas proíbe que se faça delas obras de arte; pois a densidade, a unidade destas últimas escapam ao que nos define como seres humanos: a incompletude, a indeterminação. A descrição dos dias que se sucedem é tudo exceto estética, e ninguém pode se forjar como se fosse um quadro, uma escultura, uma sinfonia. Não somos obras-primas, reflexos de um mundo perfeito, somos antes artesãos que devem se construir num mundo sinuoso e imprevisível[1]. Em suma, da vida até a arte existe todo um trabalho da forma: é ela que condensa, apura, ordena, aplaca nossas feridas estilizando-as, torna o trágico suportável, torna viável o que é intolerável na derrota. (Talvez só exista a verdadeira felicidade no ato de escrever, que é a vida procurando realizar com ela mesma a junção certa das palavras, o achado perfeito de uma expressão.)

O cotidiano nos deixa, pois, acreditar na coincidência da

---

[1] De acordo com a distinção feita por Pierre Aubenque entre o sábio estóico e o sábio aristotélico: *La Prudence chez Aristote*, PUF, 1997, pp. 90-1.

repetição incansável e do perigo. Quanto menos coisas acontecem, mais procuramos fazer com que não aconteça nenhuma. A simples ansiedade de ser engendra uma necessidade irreprimível de calma e descontração. Por isso existem tantas terapias sob a égide do zen, do budismo, da ioga, por isso se abusa na América e na Europa de estimulantes e tranqüilizantes, das vitaminas e dos psicotrópicos. Mesmo que eu leve a mais improdutiva das existências, mais entorpecida, continuo com a sensação de estar preso em uma terrível voragem que devo tratar de interromper antes de qualquer outra coisa. Curar o afã nascido do vazio com mais vazio ainda é o círculo vicioso que nos espreita. Apesar de termos menos necessidade de quietude em nossas vidas incolores do que de atividades autênticas, de acontecimentos que tenham peso e sentido, de instantes mágicos que nos atordoem, nos transportem. O tempo, esse grande saqueador, espolia-nos continuamente. Mas uma coisa é ser despojado com magnificência e envelhecer com a consciência de se ter levado uma existência plena e rica, outra é ter sido consumido de maneira mesquinha, hora após hora, por coisas que nem mesmo chegamos a conhecer. O inferno de nossos contemporâneos se chama platitude. O paraíso que buscam se chama plenitude. Existem os que viveram e os que duraram.

Capítulo V

OS EXTREMISTAS DA ROTINA

> "Minha vida começou pela extinção. É estranho, mas é assim. Desde os primeiros minutos em que tive consciência de mim, senti que me apagava."
>
> Ivan Gontcharov, *Oblomov*

OS MÁRTIRES DO ENFADONHO

Foi a vida monástica com sua divisão de horários minuciosa, seus longos períodos reservados à prece, à meditação que melhor prefigurou a experiência do tempo profano que nós conhecemos hoje em dia. O monge tinha de particular, se pertencia a uma ordem contemplativa, o fato de não fazer nada, no sentido da ação e da fabricação: era submetido exatamente como nós a essa potência desorganizadora chamada cotidiano, que pode alterar sua fé, desviá-lo de Deus. Os exercícios espirituais aos quais cada comunidade estava sujeita tinham por objetivo preservar os religiosos da dissipação, a fim de conduzi-los pela via única da adoração divina. Foi provavelmente à sombra amortecida dos conventos e dos mosteiros que se inculcou no Ocidente uma minuciosa ordenação horária (mais tarde retomada pelo capitalismo). Aquele que abandona o mundo para se consagrar ao Ser Supremo vive segundo um regime regulado pelo relógio, cujas batidas são um símbolo. O monge não é um desocupado ou um parasita, do que mais tarde serão acusados por Lutero e Calvino (que irão substituir a prece pelo trabalho, fazendo deste último um ato quase religioso), é de certo modo um ser estafado. Como cada um de nós, dedica-se a uma tarefa essencial e fútil: matar o tempo, no caso o tempo habitual, para ganhar a eternidade. Quando está habitado pela fé, cada hora é preciosa por ser inteiramente dedicada à glória de Deus. Mas, se duvida ou cede, ei-lo invadido pela *acídia* (do grego *akedia*, que quer dizer indiferença e sofrimento), esse terrível mal dos ascetas, que os desviava do Senhor e os afligia de tristeza. Fadiga daquele que dedicou a vida à prece e a quem a prece enfastia, que sofre de um desinteresse súbito por sua salvação, mal terrível contra o qual a Igreja se confessou impotente:

> Quando essa paixão tornou-se uma vez senhora da alma do monge, engendra-lhe o horror pelo lugar em que habita, o desgosto por sua cela, desprezo pelos irmãos que vivem com ele ou estão afastados e que ele considera negligentes ou pouco espirituais. Ela o torna débil e sem coragem para todos os trabalhos que tem a fazer no interior de sua cela, impedindo-o de nela permanecer e de se dedicar à leitura. (...) Finalmente pensa não conseguir assegurar a própria salvação se permanecer naquele lugar, se não for embora o mais cedo possível, abandonando a cela na qual terá que morrer se lá ainda permanecer[1].

[1] São João Cassiano, *Les Institutions cénobitiques*, 420 d.C., em Madeleine Bouchez, *L'Ennui*, Bordas, 1973, p. 34. Veja também o belo comentário de

Em suma, nessas tebaidas, onde não deveria reinar senão o fervor e o recolhimento, o tédio reintroduz os humores, insinua-se uma névoa que corrompe a casa radiosa, ataca os corações, diminui as energias, submete o imutável aos assaltos do efêmero. Por falta de "coragem de tolerar a duração" (V. Jankélévitch), o monge conhece uma espécie de apodrecimento interno. Disto decorre a necessidade de ocupá-lo dia e noite, controlar seu espaço mental, tapar os buracos mortos de seu tempo, assediá-lo com trabalhos diversos, tão forçados quanto inúteis, por medo que o Maligno se introduza nele para apressar seu relaxamento. Nas *Confissões*, Santo Agostinho recomenda a prática de hinos e cânticos para fazer com que o povo "abatido" não "definhe de tédio". Mais tarde, São Tomás abençoará a obscuridade das Santas Escrituras de Aquino que obrigam o espírito a um esforço de atenção e recomendará preces nem muito longas nem muito curtas, acompanhadas de, rica gestualidade, a fim de poupar aos crentes a provação do bocejo. Até Deus precisa ter algo de recreativo. O asceta, o cenobita, o eremita são historicamente os primeiros mártires da banalidade. Porque suas vidas se reduzem a uma longa invocação do Ausente, tornam-se mais expostas à desocupação, aos miasmas da duração habitual. Abstenhamo-nos de tudo confundir e de tentar aproximar a acídia monástica da depressão contemporânea. Ele não impede que o enclausurado com seus tormentos prefigure o tédio, esse pecado laico por excelência, já presente na Antigüidade e que se torna, depois do Renascimento, a doença da alma moderna (foi, inversamente, raro na Idade Média, com poucas exceções, como São João Crisóstomo, São Gregório e Christine de Pisan).

Jean-Louis Chrétien em *De la fatigue*, Minuit, 1996, pp. 92 e seguintes, bem como Jean Starobinski, "L'humeur et son changement", *in Nouvelle Revue de psychanalyse*, do outono de 1985, pp. 71 e seguintes.

O IMPERADOR DA VACUIDADE

Um homem encarna melhor do que qualquer outro essa febre de inanidade, um autor suíço pouco conhecido, Henri-Frédéric Amiel (1821-1881), redator de um monstruoso diário de mais de 16 mil páginas, monumento do vazio absoluto, recópia desenfreada do nada, uma vez que cada dia se caracterizava pelo fato de nele nada acontecer. Esse grande erudito, professor em Genebra, passou o tempo a sonhar com livros que poderia ter escrito, com mulheres com quem não se casou. Veleidoso insensato, acometido de "proteísmo universal", dedicou-se a permanecer nos bastidores da existência; apenas seu diário, minuciosamente mantido, dava-lhe a ilusão de um destino, de uma identidade[1]. Existiram outros autores de diários mais talentosos, mais célebres, mas somente ele revelou essa insuperável constância no fastidioso, no repisado.

Além da abulia vertiginosa, Amiel nos interessa por ter elevado a promoção da insignificância a um nível até então inigualado. Insignificante neste contexto não é o que não tem sentido, mas aquilo a que ainda não foi dado um sentido. Opção deliberada de romancear a respeito do nada e que não deixa de ser interessante. Pois o diário é um santuário de papel dedicado a uma nova divindade: o infinitesimal que ele faz questão de colocar em cena, de trazer à luz. Humores, anedotas, dores de cabeça, digestões difíceis, dificuldades respiratórias, coisinhas que terminam por compor uma história. Explorador desesperado do âmago, dedicado à incoerência de suas impressões, "às deficiências da análise microscópica",

[1] Sobre Amiel, veja Georges Poulet, *Études sur le temps humain*, Presses-Pocket, *volume IV*, pp. 266 e seguintes, e Roland Jaccard, Amiel, *Du Journal intime*, Complexe, 1987.

inventa, literalmente, um novo domínio: a promoção da ninharia como epopéia do psiquismo moderno, do acidental como meio de acesso ao essencial. De cada dia vai colhendo uma porção de bugigangas, revelando todo um reino sem nobreza, que, sob sua pena, emerge lentamente para a existência. E desse resultado extrai um orgulho paradoxal.

Quanto menos Amiel abraça o mundo, mais precisa escrever. A assustadora tarefa de não existir e de fazer o registro dessa ausência, de ser "um eunuco de vocação, um ser sem sexo, vago e timorato" condiz com a constatação de que o cotidiano não tem fundo, não tem limites. A idéia de que cada minuto é povoado por uma variedade inesgotável de estremecimentos dá-lhe vertigens. Seu louco apetite pela esterilidade recebe, pois, um reforço inesperado. Se fustiga sua obra, "essa floresta de páginas vãs", essa "reclusão escrevinhante", entristece-se ainda mais por falhar em seu objetivo: o que ele ajunta todos os dias sobre o papel é pouca coisa ainda em relação ao que sentiu, observou. Estranho destino da penúria que se traduz em uma pletora. "Esses diários íntimos são uma ilusão. Não contêm nem a décima parte do que penso durante meia hora sobre um assunto." "Este diário está para o dia assim como a polpa de uma fruta está para seu sabor. Ele recolhe os fatos, a fibra grosseira e efêmera da vida, mas a parte etérea, o pensamento ou os sentimentos que traspassaram a alma evaporam-se sem deixar vestígios." Transmutação do fracasso de viver em acontecimento, do deserto em jardim paradisíaco. Sua logorréia é impotente não por falta mas por excesso de matéria. Pois esse interminável solilóquio dedicado à deusa da infertilidade peca ainda por ausência: seu erro não é dizer demais; contudo, não dizer o bastante. Essa enciclopédia colossal sobre o nada é ainda um livrinho comparado aos volumes que ele deveria completar.

Então, de que adianta viver se essa tênue rede já o oprime com sua profusão? (E a modernidade é plena desses heróis da extinção e da quietação que, como Oblomov, exibem uma exorbitante força de inércia, erigem letargia e preguiça em valores absolutos). Sua vida larvar, reduzida à mais simples expressão, ainda é uma torrente que não pode ser contida, e sua língua prolifera sem ter necessidade de ser atestada pelos fatos. Transposição singular: não contam mais o que viveram, escrevem para se persuadir de que estão vivos, contam para amplificar até mesmo o mínimo, o exíguo, atordoam-se com a inesgotável riqueza que um destino, na aparência tão medíocre, encerra. E o diário íntimo, ou mais precisamente, o *diário do ínfimo*, inventa assim seu próprio leitor, irmão em banalidade, que se regozija com ver o autor armazenar semana após semana suas insignificantes coletas. Eu sou abissal, eis o que nos diz Amiel, e conheço a cada ano 365 destinos diferentes (o dia, como drama humano total, foi um grande tema do romance no século XX, de Joyce a Virginia Woolf). Cansado de viver, nosso professor genebrês? Mas essa fadiga tem excesso de atividade, nosso esgotado desenvolve tesouros de energia para que nada lhe aconteça. Não há limites para a inconsistência, eis o que ele descobre, pasmo, enquanto se lança no microcosmo vertiginoso de sua atonia.

Talvez Amiel tenha inaugurado uma forma inédita de felicidade, a não-vida como ascese, neurose especificamente moderna em oposição à histeria romântica. Destino inútil, arenga interminável, de um tédio tão denso, que adquire uma dimensão fantástica. Se herói é quem vive na urgência e apenas passa por parênteses entre dois grandes feitos, Amiel, com certeza, só conhece tempos mortos, que bordejam longas extensões vazias. Como se ele tivesse decidido fixar residência nos limbos, príncipe de um reino ridículo que tem por nome abstenção, incompletude. Vida extraordinária à sua maneira, construída sobre uma hemorragia permanente e que evoca uma mística laica de aniquilamento. Nossa época também é cheia desses extremistas da rotina que se obrigam a curas de insipidez: como os peregrinos de um rito estranho que organizam todos os anos na França, numa estação de trem desocupada, um Congresso de Banalyse ou o desenhista holandês que fez voto de não-informação e lançou em abril de 1988 uma revista de 16 páginas em branco, de publicação aleatória, cujo objetivo é propiciar ao leitor uma paz senhorial. Onde a vida social é corrida e exige uma rapidez generalizada, esses desertores freiam, fluindo com grande entusiasmo pela apatia cotidiana até conseguir se apartar dela, prendendo-a em sua própria armadilha. São duas as maneiras, afinal, de escapar à banalidade: fugindo dela ou abraçando-a tão estreitamente, que se torna possível subvertê-la pelo lado de dentro.

A PAIXÃO PELA METEOROLOGIA

Amiel não foi somente o primeiro obcecado pela nulidade, partidário extravagante da resignação: ele também inventou (depois de Rousseau e Maine de Biran) o que iria se tornar o *leitmotiv* de seu século e dos seguintes: a meteorologia em suas relações com os humores. Outros antes dele haviam estudado a influência dos climas nos regimes políticos ou descrito a alma como uma substância atmosférica cujas variações podem ser medidas[1]. Ele irá sistematizar este gênero de notação. Não introduz nenhum assunto que não comece por uma indicação sobre as condições do tempo, como se fosse necessário consultar o céu para saber como se sentir: "Dia ensolarado tão glorioso quanto o de ontem", "Tempo cinza, a caldeira da canícula parece já ter parado de funcionar", "Céu cinzento, frio, triste, sem luz, sem amor, tal qual a vida desiludida de quem não ousou estender a mão a uma mulher e dizer-lhe: com a graça de Deus, a senhora gostaria de acompanhar-me na travessia e ligar-se a mim com um juramento? É um céu suportável, mas lembra a cor do claustro e da renúncia". "Um belo sol inunda meu quarto, a natureza está em festa, o outono sorri. Eu respondo a esses incitamentos da maneira como sou capaz."[2]

A UTOPIA DO FUN

Descendente longínquo da fleuma britânica, primo próximo do *cool*, o *fun*, termo de origem anglo-saxônica surgido do universo dos lazeres e da infância, não é uma moral da diversão e ainda menos do desregramento de todos os sentidos. Constitui, ao contrário, um sistema de triagem que permite isolar no seio da vida normal um puro núcleo de prazer, nem forte demais nem fraco demais, sem nenhuma conseqüência negativa, mas que nos impulsione para um universo de sensações agradáveis. Tudo pode se tornar *fun*, isto é, objeto de uma ligeira efervescência, o sexo assim como a castidade, um casamento assim como uma viagem, uma religião assim como um engajamento político, contanto que

---

[1] Veja a este respeito o pequeno livro de Pierre Pachet, *Les Baromètres de l'âme*, Hatier, 1990, pp. 37-8.

[2] Citações extraídas do volume XII do *Journal*, L'Âge d'Homme, Genebra, 1994.

ninguém se machuque. O *fun* é, pois, uma disciplina de filtragem, que ergue discretas muralhas, instaura uma ambiência asséptica na qual tiro meu prazer do mundo sem lhe conceder de volta o direito de me ferir, de me punir. Dissidência discreta que recusa tanto a histeria da vida intensa quanto a da agitação e só concebe o divertimento se for filtrado, interpondo almofadas de proteção entre nós e as coisas para nos proteger do rigor e da dureza.

Com relação a isto, o *fun* é contemporâneo do virtual e, como ele, dá provas da mesma vontade de desmaterializar o mundo, de sacudir as fronteiras do espaço e do tempo. É um pouco dessa dimensão que os esportes de deslizamento oferecem: o *surf*, que abraça as ondas para melhor brincar com elas, os patins, que transformam o asfalto em uma longa esteira lisa percorrida por sombras de elegância prodigiosa que passam por entre os pedestres desprezando os obstáculos; o *free-ride* em montanha, que faz do esquiador um pássaro capaz de dançar no espaço, sobrevoar despenhadeiros e acariciar a neve fofa. Maravilha dessas proezas: apagar o corpo por meio do corpo, atingir a ausência de gravidade. Universos de espíritos e de duendes que passam através de paredes, para os quais a lei da gravidade já não existe e que tornam a matéria fluida. Não é preciso pesar, é preciso planar. Sonho do homem desengajado e descarregado que privilegia a sensação em relação à experiência, que prefere o tocar de leve ao enraizamento. O real em sua espessura não é convocado senão para ser mais bem encoberto. E da mesma maneira que se pode agora cantar em dueto com Elvis ou trabalhar em um filme de Bogart, graças às técnicas virtuais, o *fun* nos mergulha em um encantamento de conto de fadas: o desejo triunfa em todas as provas e encontra sem sofrimento a satisfação. O universo perdeu um pouco de sua aspereza, reduziu-se a uma superfície, a formas, a imagens. Podemos, pois, tentar tudo, com a condição de que nada tenha importância. Assim é o *fun*: a utopia de consolação total que permite todas as volúpias, esquivando-se de todas as infelicidades. Com ele a vida se torna um jogo no qual não temos que pagar nenhum preço.

A meteorologia como paixão democrática nasce na divisa dos séculos XVIII e XIX, quando, ao deixar de ser apenas uma ciência da previsão, de início útil para a vida rural e marítima, torna-se uma ciência da intimidade, isto é, do humor. Ora, o que é um humor senão uma relação entre o mundo e nós, colocando diante um do outro os seres inconstantes e uma natureza em permanente mutação? Ao nos acostumar com os encantos da irregularidade, das pequenas variações, a meteorologia constitui uma pedagogia da diversidade minúscula: se não nos acontece nada, acontece pelo menos estar chovendo, ventando ou fazendo sol. O atrativo do tempo que está fazendo é a instabilidade, que é também o atrativo do tempo que passa, como num caleidoscópio sempre móvel. Aguçando nossos sentidos e, de imediato, o da percepção, forma uma ética do meio-termo, do meio-tom, da nuance. E, uma vez que o sentimento da existência nutre-se da passagem das estações, ele ressuscita a idéia grega do cosmos, da solidariedade entre os elementos e o coração do homem, comunhão da qual todos nós somos nostálgicos.

Pascal, em seus *Pensamentos*, recusa qualquer conexão com o clima: "O tempo e os meus humores têm pouca relação entre si. Tenho os nevoeiros e o tempo bom dentro de mim, o bem e o mal das minhas questões existenciais têm pouco a ver com ele." O crente, irredutível em sua fé, não tinha as sensibilidades modernas ao frio, alarmadas com qualquer intempérie ou regozijadas com um raio de sol. A meteorologia é naturalmente contemporânea da aldeia global e passou a incluir os resultados da Bolsa, os preços das matérias-primas, a alta ou a baixa das ações. Inserido num canto da tela, subindo e descendo em questão de minutos, o índice da Bolsa é análogo ao dedo do imperador romano que concedia a graça ou condenava os gladiadores. Por ligar os planetas de fora aos pequenos planetas de dentro, a meteorologia tornou-se, a partir dos anos 50, o símbolo hedônico das nações desenvolvidas. E, na televisão, os canais de meteorologia estão submetidos à dupla obrigação de exatidão e euforia. Uma perturbação deve ser de preferência breve e anunciar uma melhora, o sol deve acompanhar os que saem de férias com a condição de não degenerar em calor insuportável ou em seca. O tempo ideal deve combinar constância e moderação. Por esta razão o jornalista faz cara de desgosto quando predominam o frio e a chuva — pois será o portador de más notícias, até mesmo seu cúmplice — e mostra cara de satisfação quando o dia bonito está de volta. Em todas as circunstâncias tem que combinar a seriedade do científico com a solicitude da mãe que diz: "Se você vai para Varsóvia hoje à noite, não esqueça de levar o sobretudo! Os que prosseguem até Moscou, ponham um suéter bem grosso de lã..."

Uma vez que as condições meteorológicas constituem a *pele do mundo*, nossa vestimenta primordial, elas garantem de alguma maneira nossa existência e indicam como devemos estar. É por isso que falar do clima, dizia Barthes, é a coisa mais séria que existe. Sabe-se que certos sistemas nervosos captam as nuances da atmosfera com uma sensibilidade quase elétrica, fazendo do menor movimento de cerração, da mais ínfima nebulosidade, uma dramaturgia de perturbações (a partir de 1987 a SAD, *seasonal affective disorder* (desordem afetiva sazonal), passou a ser registrada como uma das depressões de caráter cíclico no *DSM II*[1]). Um grande corpo cósmico

[1] Manual de diagnóstico e estatística dos distúrbios mentais da American Psychiatric Association, que faz essa referência. Citado no excelente livro de Martin de la Soudière, *Au bonheur des saisons*, Grasset, 1999, p. 272.

banha nossos corpos, arrasta-nos em seus frêmitos, seus suspiros, suas tempestades; sofremos de suas doenças da mesma maneira que aproveitamos de suas melhoras momentâneas. A luz do céu enche-nos de um sentimento de perfeição, dilata nossa alma até os confins do universo, assim como um céu cinzento e lívido contrai nosso coração. O mais longínquo é o mais próximo, os tormentos do céu são uma tragédia pessoal.

Contudo, mal se estabeleceu a adequação entre o interior e o exterior, já se pode contestá-la. Mais que uma ciência, a meteorologia tem tudo de uma cerimônia propiciadora. É uma variante técnica da profecia, ao lado do horóscopo e da numerologia, mas com uma plausibilidade mais elevada. Por intermédio de suas previsões, uma divindade fantástica nos honra ou castiga por nossas faltas: a principal delas é a enormidade das sociedades industriais que se vêem punidas por ciclones, ondas gigantescas, tufões (que recebem, alternativamente, nomes femininos e masculinos para não melindrar ninguém). Nos Estados Unidos existem caçadores de tempestades e de furacões, surfistas temerários que se instalam bem no meio das tempestades para esperar a onda mais incrível, que os fará passar para o outro lado do espelho (assim como o mítico fotógrafo instalado, dizem, no centro do ciclone Andrew que devastou as Bahamas e o Sul da Flórida em agosto de 1992. O homem teria sobrevivido, mas perdido a razão). Em toda catástrofe climática existe um misto de horror e júbilo, quando as condições do tempo (tempestade de neve ou tornado) pulverizam o tempo comum, dramatizam o cotidiano, transportam-nos aos confins do sublime, ou seja, da grandeza sobre-humana. É uma transformação que toca a nós todos, mesmo que, individualmente, nada nos aconteça. Em sua banalidade, a meteorologia esconde algo de um paganismo sagrado, ela é nosso último fenômeno sobrenatural (no início dos anos 80, João Paulo II foi rezar no Sul da Itália para acabar com a seca). É por isto que ela figura nos grandes registros da consolação. Consolação incerta, entretanto, pois o tempo não pode ser controlado nem dirigido. Disto decorrem as caretas, as súplicas que dirigimos aos que estão no céu, espíritos enigmáticos, divindades versáteis que decidem nossa sorte e cujos caprichos inumeráveis se chamam temporais, tufões, ventos, inundações, um monte de maneiras de torturar os pobres humanos que somos.

Definitivamente, não somos mais donos do clima do que de nós mesmos e deciframos o céu com a mesma perplexidade que os movimentos de nosso coração. Quanto à analogia estabelecida entre a atmosfera e o humor, não há certeza: um sol brilhante pode nos ferir com sua luxúria, nuvens cinzentas nos regozijar, a neve e as geadas nos fazer mergulhar em um júbilo duradouro. A meteorologia é um oráculo aleatório. Nela se conjugam duas idéias contraditórias da felicidade, a de que ela se confunde com o mundo e a de que contraria o mundo. Por um lado, a osmose entre o homem e o universo é frágil: a rotação secreta das nossas estações íntimas nem sempre está ligada aos elementos. Por outro, tendemos a nos libertar da ordem das estações, mas ao mesmo tempo sofremos com seus mínimos rigores como se insultassem nossa vontade de autonomia. Ficamos escandalizados por fazer calor no verão e nevar no inverno: conduzimo-nos em relação ao clima como crianças mimadas que quisessem pedi-lo ou despachá-lo à vontade (em 1986, membros do jornal satírico francês *Jalons*, no auge de um mês de janeiro glacial, desfilaram por Paris aos gritos de "Inverno frio demais; Mitterrand é o culpado").

Se deslizamentos de terra, inundações, avalanches resultam em ações judiciais, é que para nós já não existem catástrofes naturais, apenas negligências humanas. Para cada drama é preciso encontrar um responsável. Passamos de uma atitude fatalista para um comportamento penalista, afligimo-nos menos do que inculpamos, sobretudo numa época em que os bodes expiatórios estão assegurados. Uma vez que o homem pretendeu modelar e dominar a natureza, é normal que ele se torne responsável por seus desregramentos. Mas o formidável poderio que lhe chega de volta o surpreende e o subjuga. Podemos reclamar com a Météo-France pelas previsões erradas e talvez muito em breve tentemos processar nossa Mãe Terra por seu temperamento difícil, seus frêmitos calamitosos, suas exalações malignas. Mas quando sobrevém na nossa Europa preservada um verdadeiro cataclismo, a primeira reação é de sideração, de desamparo, por nos faltar uma disciplina para situações extremas (ao contrário dos Estados Unidos), por termos abandonado a noção de risco e de dureza climática. Dupla vontade, pois, de abraçar o mundo ou de nos libertarmos dele: a dependência nos oprime, nos humilha, mas a independência total não nos afeta menos, pois nos isola. Necessidade de comunhão por um lado, de auto-afirmação por outro, entre as quais a consciência moderna não consegue escolher, a meio caminho do sonho de domínio e do sonho de harmonia.

AS AVENTURAS DO CORPO DOENTE

O que lhe aconteceu durante a vida? Muitas pessoas poderiam responder: tive úlceras, infartos, reumatismos, meu corpo contou histórias que posso transformar em relatos esparsos, e minha vida se resume a isso. Ficar doente é também ter alguma coisa fora do comum para dizer a próprio respeito, é uma maneira de atrair a atenção do outro. O que é uma doença, na verdade? Uma transformação do organismo possível de ser vivida como uma experiência, e não somente como uma perturbação. Nenhum romantismo na dor, neste caso, nada também do mito arcaico que afirma que na origem de qualquer grande obra existe uma patologia recorrente, como a asma em Proust, a epilepsia em Dostoievski, a sífilis em Baudelaire, e que fez com que Drieu La Rochelle dissesse: "Os que gozam de boa saúde são exemplos de insipidez." É claro que todo mundo foge da doença e não é o caso de negar os assustadores tormentos que ela provoca. Mas não se poderia somente tratá-la como um ser inferior, uma subtração[1], uma simples alternância de febres e sintomas: é também um acontecimento da vida. Se me acontece, contra minha vontade, uma alteração de saúde, tenho sempre a possibilidade de transformar essa anomalia, nascida de meu

[1] Em *Le Normal et le pathologique,* Georges Canguilhem sublinha quanto a doença é uma nova dimensão da vida, uma experiência de inovação positiva da vida que tem a capacidade de ser normativa, PUF, 1991, pp. 122-3. François Dagognet explica, por outro lado, quanto a doença é um outro aspecto da vida, da qual todos são ao mesmo tempo vítimas e beneficiários. "Quando escolhemos nossa vida, escolhemos nossa doença." É por isso que a chamamos de afecção e somos afligidos por ela tanto quanto apegados a ela. *Pour une philosophie de la maladie,* entrevistas com Philippe Petit, Textuel, 1996.

corpo, em uma coisa só minha. Diante dos mais atrozes sofrimentos, disponho sempre do recurso da palavra, da liberdade soberana de relatá-los para mantê-los a distância.

As peripécias do corpo machucado (corolário dos êxtases do corpo erótico: o gozo é expansão, assim como a dolência é fechamento) testemunham uma existência inteiramente ocupada em matutar, em se defrontar apenas consigo mesma. Nada mais triste do que ouvir aqueles velhinhos no asilo trocando intermináveis confidências sobre o estado de suas próstatas, pulmões, rins, obcecados pelo mau estado de seus órgãos, pela epopéia da vesícula obstruída, dos pés que incham, das veias que se deterioram. As pequenas misérias de cada um são expostas, rivalizam-se no horror, as provações partilhadas criam vínculos, forjam tribos efêmeras de diabéticos, de cardíacos, dos que têm dor de cabeça. Esta é, por sinal, a definição da velhice extrema: o momento em que toda a energia passa a se preservar, quando manter-se vivo se torna de tal maneira problemático, que cada dia é um combate ganho contra a desagregação. Derrocada lenta e silenciosa de uma vida que se extingue e se resume a algumas funções essenciais, como beber, comer, dormir, arrastar-se, estancar vazamentos, reparar caminhos defeituosos: a partir de um certo momento o tempo nos desfaz mais do que nos faz, e as perdas são irreversíveis.

Existem, pois, duas maneiras de se insuflar algum romantismo na vida quando nada nos acontece: pela escuta do próprio psiquismo ou pela narração das nossas misérias fisiológicas. O freudismo, de fato, ao inventar o inconsciente, deu um novo impulso à arte da introspecção. Eis cada existência dotada, graças a essa caixa de ressonância inesgotável, de uma profundidade inesperada. Inédita inflação do comentário: assim como os sonhos são uma profusão de intrigas que o cérebro nos oferece simplesmente dormindo, nossas condutas mais benignas têm um sentido, lapsos e atos falhos transformam as corridas mais insignificantes em cavalgadas tumultuosas. Todos podem fazer glosas sobre si mesmos, mergulhar em seus subsolos, trazer de lá uma profusão de fábulas, de enigmas que instauram uma espécie de embelezamento do corriqueiro. Não existem mais indivíduos insignificantes, existem apenas grandes personagens que não se conhecem ainda e que exibem a opulência psíquica de um Michelangelo, de um Borgia, de um Shakespeare...

Paralelamente, a doença pode se tornar um modo de vida, uma maneira especial de converter o cotidiano em ficção ou mesmo em enquete policial, uma vez que nosso corpo abriga um matador em potencial, sua própria morte. Arrancando-nos da obviedade do cotidiano, a doença dramatiza os gestos maquinais, que desse modo adquirem uma densidade extrema. Com ela o paliativo aproxima-se do perigoso, uma ninharia corre o risco de anunciar um desregramento geral (muitas patologias graves se instalam em nós silenciosamente). É a tragicomédia do hipocondríaco, que, por antecipar loucamente a própria queda, antevendo a sentença de morte numa dor de cabeça ou numa cãibra no braço antes de adoecer verdadeiramente, acaba confirmando seus diagnósticos mais sombrios. Com algumas afecções, entramos em um universo de alto risco. E para quem só se mantém à custa de uma dieta severa, um copo de vinho, uma pitada de sal e um pouquinho de manteiga podem se tornar o equivalente à roleta-russa. Todo paciente experimenta, graças a seu mal, uma intensificação paradoxal da existência, a qual se transforma em estrada semeada de armadilhas, sobretudo se cada escapada lhe custa caro. Nada no corpo tende à perfeição, cada parte pode degenerar, cada órgão pode nos torturar, a vida quer matar a vida: é disto que tomamos consciência nos momentos de extenuação física (segundo a Organização Mundial de saúde, a Humanidade é espreitada por cerca de 40 mil doenças, ou seja, 40 mil maneiras de se ser despachado deste mundo, sem contar as combinações e as complicações).

Cada atentado à integridade física caracteriza-se por uma aposta pontuada de crises, de remissões. As paixões diminuem talvez, mas essa angústia é rica em minúsculas esperas, em pequenas surpresas. Assim, vêem-se pessoas doentes preferir seu estado a um hipotético restabelecimento que as traria de volta a um destino comum. Tal como o Zeno, de Italo Svevo, que, encantado por não se curar, venera como tesouros suas fraquezas orgânicas:

> A doença é uma convicção e nasci com esta convicção. (...) O diabetes, confesso, proporcionou-me grande serenidade. (...) Tinha grande afeição por minha doença. Lembrava-me com simpatia do pobre Copler, que preferia a doença real à imaginária. Eu tinha a mesma impressão que ele. Doença é muito simples: basta se deixar levar. De fato, quando li num livro de medicina a descrição do diabetes, descobri um programa inteiro de vida, não digo de morte, mas de vida. Adeus resoluções, adeus projetos! A partir de então já não precisava intervir: eu estava livre[1].

Não somente o estado de doente proporciona uma personalidade ao indivíduo — o sofrimento clássico era o destino comum a todos, o sofrimento moderno é uma identidade e quase uma razão de ser — como o mal também pode ser

[1] Italo Svevo, *La Conscience de Zeno*, Folio, Gallimard, pp. 23 e 511.

assunto de uma narrativa, sobretudo quando é superado. E se algumas pessoas escolhem ignorá-lo, outras o exibem como um talismã para suscitar a misericórdia, tiranizar os próximos ou simplesmente se fazer interessantes[1]. A este respeito, todos oscilam entre três obstáculos que são praticamente três limitações narrativas: sofrer de um mal benigno que não merece nenhuma menção (como a gripe que nos derruba, mas cujo rendimento em termos de compaixão é nulo, por causa de sua enorme freqüência), de um mal crônico, que aborrece por sua duração, ou de um mal tão pavoroso, que seja repugnante. E pode-se desejar ficar doente para conhecer o maravilhoso prazer de curar-se, chegar bem perto do abismo para poder escapar dele. Momento de euforia quando a infecção vai embora, restitui-nos as forças e o uso de nosso corpo: é característico do esgotamento transformar em maravilhoso o bem-estar normal e em tão desejáveis os primeiros dias da convalescência. Voltamos com a auréola da glória dos conquistadores, pois as doenças são as batalhas do cidadão moderno, evocadas e relatadas como antigamente o soldado fazia com suas campanhas. Uns inventam padecimentos terríveis, assim como outros inventam pecados a confessar para se tornar diferentes. Alegria, dizia Spinoza, de saber destruir uma coisa odiosa, de falar de um perigo do qual se está livre. Como se o fato de termos corrido perigo e de nos termos livrado nos permitisse imediatamente fazer parte de uma linhagem aristocrática, dotasse-nos da virtude própria dos heróis (sobretudo na Bacia Mediterrânea), a *baraka*. Nada existe, sabe-se, que nossas

---

[1] Sobre a recusa de curar-se por causa das gratificações importantes que o *status* de doente oferece, veja Edouard Zarifian, *La Force de guérir*, Odile Jacob, 1999.

sociedades admirem mais do que um sobrevivente, tenha ele escapado de um acidente, de um câncer ou de um coma, sobretudo se a ciência o havia condenado.

UM TERROR DELICIOSO

"O medo", dizia E. A. Poe, "é um sentimento que os homens adoram experimentar quando estão certos de não correr nenhum perigo." A instauração da banalidade no Ocidente gratificou-nos com dois gêneros literários inéditos, o policial e o fantástico. Irromperam quando cessou a era dos milagres própria da Idade Média, como força de ruptura num universo abandonado pelas fadas e pelos deuses, e já disciplinado pelo trabalho, ciência e técnica. Esta é a razão pela qual livros e filmes de horror funcionam como infectantes do espaço: mágico no conto de fadas, ele foi agora envenenado. O comum se torna aterrorizante, inteiramente impregnado por poderes ocultos, ameaças palpáveis.

Ainda seria necessário distinguir a narrativa policial clássica, que relata a irrupção da desordem dentro de uma sociedade bem-comportada e seu desaparecimento no romance *noir*, que revive um mundo inteiramente caótico, no qual justiça e lucidez já não existem. A este respeito a cultura americana inventou dois gêneros inéditos: o *western*, que é antes da lei, e o policialesco, que é fora da lei ou ao lado da lei. De um lado a selvageria de uma Humanidade na fronteira da civilização; do outro, a barbárie da selva urbana e da face encoberta da sociedade.

Tanto no fantástico quanto no policial trememos de medo sem maiores conseqüências, sem riscos. Confortavelmente instalados, seguros em nossas poltronas, deleitamo-nos com abominações que nos tranqüilizam: prazer do reconhecimento e prazer de estarmos em terreno familiar. Este culto do atroz é antes de mais nada um culto de gente caseira. Só aceitamos tremer porque estamos protegidos, abandonamo-nos ao conforto do terror, pois este terror controlado canaliza todos os outros que nos assaltam habitualmente. Sentir medo para domesticá-lo é a volúpia do romance *noir*, do filme de terror.

Essas ficções mórbidas têm pelo menos de positivo o fato de, ao contrário de nossas mitologias atuais, não dissimularem nem o mal nem a morte, e é por isso que têm facilmente uma conotação religiosa. Temos necessidade, em períodos de calma, de olhar o horror de frente, de saber o que está sendo tramado por trás do cenário bem-comportado de nossas vidas. São também ritos de valorização do cotidiano, que nos fazem viver em promiscuidade com o desastre.

Mas, de volta à vida civil, o espectador ou o leitor continuam obcecados por todos aqueles medos que se desenvolveram na tela ou nas páginas e que eles exorcizaram provisoriamente. Os medos os acompanham, puxam-nos pela manga, sugerem-lhes que talvez possam acompanhá-los para sempre no mundo real. Pois a domesticação do terrível pela via artística é frágil: é em plena claridade do dia que germinam as maldições, que pululam os monstros e os matadores. É preciso então retomar o caminho das salas escuras, mergulhar numa outra intriga diabólica, injetar-se outra dose de pavor em horários certos, a fim de conjurar todos os poderes maléficos que fervilham nos interstícios do conforto e da passividade.

Quer as combatamos, quer sucumbamos a elas, as doenças nos provêem de uma história. Algumas nos marginalizam, outras nos projetam em uma sociedade clandestina com seus ritos, suas tradições. Em todos os casos, elas são o testemunho de nossa faculdade de administrar o sofrimento, na impossibilidade de se livrar dele. Mesmo ferida, a vida pode dar lugar a um mundo, manifestar-se, colocar em cena suas próprias imperfeições. Essa pouca coisa constitui por si só, ainda assim, um cosmos.

Capítulo VI

A VERDADEIRA VIDA NÃO É AUSENTE

"Creio mais na morte em vida do que na vida após a morte."

André Green

"O que é que você pode fazer se tem 30 anos e, ao virar a esquina de sua própria rua, sente-se invadida, subitamente, por uma sensação de felicidade, de absoluta felicidade? Como se você de repente tivesse acabado de engolir um pedaço brilhante daquele sol de final de tarde que continuasse queimando dentro do seu peito, enviando pequenos jatos faiscantes a cada parte de seu ser, a cada dedo da mão e do pé...?

Katherine Mansfield

"A Alegria é para o homem a passagem de uma menor perfeição para uma maior. A Tristeza é para o homem a passagem de uma maior perfeição para uma menor."

Spinoza

OS ENCONTROS COM O DESTINO QUE NÃO OCORRERAM

Um homem e uma mulher se revêem por acaso na casa de amigos depois de dez anos sem se ter encontrado. Desde muito jovem, o homem, John Marcher, sente-se marcado pelo destino, "por uma possibilidade prodigiosa e terrível da qual tem o presságio e a certeza". Essa coisa imprevisível o aguarda escondida "em meio ao decorrer dos meses e dos anos, como um animal selvagem à espreita na selva[1]". Vai saltar sobre ele a qualquer momento, basta estar preparado. Ele propõe à moça, Mary Bartram, esperar junto a ele esse extraordinário acontecimento. Sendo um eleito, não tem medo de se fundir com a Humanidade comum, o segredo que possui no fundo de seu ser o torna diferente de todos.

Os anos se sucedem, o homem e a mulher envelhecem juntos, sempre à espreita. Um dia, "a amiga admirável" adoece. Antes de morrer, revela ao homem: "Você não tem mais nada para esperar, a coisa chegou." No cemitério onde é enterrada, John Marcher cruza por acaso com um jovem viúvo devastado por um luto recente; inexplicavelmente, inveja seu pesar, "a violência cegante de sua dor". "Afinal, o que é que este homem teve durante a vida cuja perda poderia fazê-lo sofrer tanto e, mesmo assim, viver?" De repente, John Marcher compreende que o animal da selva tinha o rosto daquela mulher e que ele não a tinha conhecido. "Amá-la teria sido a solução; teria então vivido." "Partilhar a afeição que ela lhe teria devotado, sentir-se finalmente devastado por uma paixão teria lhe permitido conhecer o sabor da existên-

[1] Henry James, *La Bête dans la jungle, in L'Elève et autres nouvelles,* 10/18, 1983.

cia. Mas, encerrado em sua obsessão, fora sempre aquele "a quem nada jamais acontecerá".

Soberbo apólogo de James: na verdade, o que de pior pode nos acontecer é ter passado ao lado da felicidade sem reconhecê-la. É esperar por um acontecimento milagroso que nos redima um dia, sem perceber que o milagre reside no acontecimento que estamos vivendo. É crer que nossa vida, neste instante um mero rascunho, em breve há de ser intensamente abalada: adiamento de prazeres estranhamente parecido com a ascese religiosa. Como se a uma pré-história feita de trivialidade devesse suceder uma transfiguração, um afastamento definitivo das misérias humanas.

As ocasiões perdidas: uma palavra que não foi pronunciada, uma mão que não foi estendida, um gesto esboçado e logo desfeito, tantos momentos nos quais, por medo ou timidez, nosso destino não foi modificado. Cedo demais, tarde demais: existem vidas inteiramente destinadas ao não obtido, ao inalcançado. O que poderia ter sido, o que não foi: muitos se contentam com este condicional e cada um de nós poderia escrever a história dos destinos evitados que nos acompanham como se fossem possibilidades espectrais. Brassaï conta como, aos 22 anos de idade, Marcel Proust apaixonou-se por um jovem efebo, filho de um magistrado genebrês. No verso da fotografia que o jovem deu a Proust estava escrita a dedicatória seguinte, extraída de um soneto do pintor pré-rafaelita inglês Dante Gabriel Rosseti: "*Look at my face; my name is Might Have Been, I am also called No More, Too late, Farewell.*"[1] Porque cada vida é única, rejeita e exclui

[1] Foi Roland Jaccard quem relatou este caso (*Le Monde*, de 24 de outubro de 1997): "Olhe para meu rosto; meu nome é Poderia Ter Sido; também me chamo Nunca Mais, Tarde Demais, Adeus."

outras. Ou, mais precisamente, a vida é construída sobre um crime: o das virtualidades que criou e que não puderam se desenvolver. E apesar de sabermos que existem potenciais recomeços a cada instante, que os jogos não estão feitos até o último suspiro, o destino é fatal: o que ocorre neste momento suprime outras eventualidades. E para aqueles que não são tocados pela graça de uma segunda vez, aqueles para quem a história "não passa de novo os pratos", inicia-se então o tempo da escassez das possibilidades. As mãos param de se estender, a estrada de bifurcar, tornando-se desesperadamente reta e plana.

Existe uma outra vida, mais bela, mais ardente! Que criança ou adolescente, sentindo-se mofar dentro de uma família enfadonha, não escutou este apelo com um arrepio de prazer? Ninguém está condenado às suas condições de nascimento, ao seu meio social, parental, conjugal. O simples fato de se pressentir um destino mais favorável permite muitas vezes derrubar os muros que nos aprisionam. O encanto das partidas, das rupturas, é o fato que nos impulsiona ao desconhecido e faz na trama do tempo um rasgo benéfico. Aos princípios de prazer e de realidade, seria necessário acrescentar um terceiro: o princípio de exterioridade, por ser o reino da diversidade, do inesgotável sabor das coisas. A vida procede também por revelações quando nos oferece, de repente, a intuição de outros mundos perturbadores, como a Pécuchet, galvanizado pelas brincadeiras de uma camponesa incrivelmente indecente que ele observa por trás de um arbusto. É preciso deixar uma porta aberta para "o país do lado de fora" (Lewis Carroll), o mistério, o inexplorado, e abrir esta porta ao menos uma vez, respondendo aos apelos dos outros mundos, o deserto para uns, o Oriente ou a África para outros, para outros ainda a descoberta de uma sexualidade nova, de uma vocação reprimida. Tudo então fica em suspenso diante dessa iminência de fuga, do salto que nos libertará dos poderes asfixiantes da rotina, da mesquinhez. Momento luminoso de escapulida que nos transporta até as mais belas paisagens.

Mas, se podemos recomeçar nossa vida como um dado que se joga novamente, preparar-nos para novos destinos, também é mentira que podemos fazer qualquer coisa, ser indiferentemente qualquer um, encarnar sucessivamente na pele de um pesquisador, de um artista, de um cosmonauta, e que só "o céu é o limite". É a atitude americana do *can do*, do "você pode fazer", que não estabelece nenhum limite em relação à capacidade do indivíduo, contanto que ele arregace as mangas, otimismo de uma nação pioneira que crê no casamento da eficiência com a vontade. À obrigatoriedade de salvação do Antigo Regime sucedeu a embriaguez das possibilidades das sociedades laicas, e esse leque provoca vertigem. Aquele que espera abraçar todos os caminhos arrisca-se seriamente a não alcançar nenhum; uma coisa é sair de si, outra é crer-se desobrigado da necessidade de escolha, ou seja, de uma conjuntura que, ao nos restringir, condiciona também nossa liberdade.

Talvez seja este o paradoxo: a procura de uma vida aprazível deve obedecer a duas injunções contraditórias. Usufruir plenamente do que aparece, mas também permanecer na escuta do que acontece em outros lugares. Sabedoria da miopia, imersa no presente, satisfeita de ser o que é, sabedoria da hipermetropia, que formula projetos e não se contenta com o próprio estado. Por um lado a filosofia do *carpe diem*, que nos convida a considerar cada dia como se fosse o último, por outro a esperança do melhor, recusa da felicidade imposta (pela família, pela ordem social), em nome da felicidade almejada. Contração que nos encerra em nós mesmos ou expansão que nos dilata às dimensões do universo (que foi o esquema que opôs Rousseau a Diderot), serenidade ou inquietude, auto-suficiência ou exaltação, raramente escapamos deste dilema.

Por isso existem duas categorias de possibilidade: uma possibilidade esmagadora que, do alto de sua majestade, devora o real e torna desprezível tudo o que nos acontece (é a infelicidade do personagem de Henry James). E uma possibilidade fecundadora, que traz à luz tudo que está em gestação dentro dos seres. *Possibilidade sarcófago ou possibilidade crisálida*: uma é portadora de uma amplitude tal, que esteriliza nossas mínimas iniciativas e traz desespero às nossas tentativas, a outra sinaliza um tempo mais rico, a um só tempo ruptura e continuidade, e diz respeito "ao que nos é doce imaginar", como dizia Kant sobre a utopia. Num caso a vida sucumbe sob o peso do ilimitado, no outro libera todas as latências e, como o sol, reaviva e revela todas as cores.

O VENENO DA INVEJA

Contrariamente a todo otimismo oficial, nada existe de mais intolerável do que a visão da felicidade do outro quando não estamos bem. O espetáculo dessa gente a desfilar, gratificadas ao máximo pelos dons da fortuna, da saúde e do amor, a maneira ostensiva com que enchem o peito, pavoneiam-se, é odioso! É por esta razão que a contemplação diária dos horrores do mundo nos telejornais pode ter um efeito apaziguante: não que nos regozijemos particularmente com a infelicidade dos outros, mas ela nos permite a sensação de estarmos menos sós e até com sorte: "Faz um grande bem constatar de que males a gente consegue escapar." (Lucrécio) Consolo por comparação: precisamos do desastre alheio para nos ajudar a suportar o nosso e constatar que em outro lugar pode ser ainda pior, que nossa condição até que não é tão cruel. A amargura nasce em geral do contraste entre a minha sorte e a dos outros mais bem aquinhoados, e engendra uma cadeia sem fim de insatisfações. "Ser pobre em Paris é ser pobre duas vezes", dizia Zola, pois a proximidade das riquezas enlouquece. E poderíamos fazer uma análise do meio literário e intelectual francês sob três ângulos, do despeito, da mesquinhez e da calúnia. Quantos ódios irremediáveis, querelas retumbantes motivadas a princípio pela irritação e pelo ciúme, porém mascarados com andrajos políticos ou filosóficos?

Por serem igualitárias, nossas sociedades democráticas são invejosas e favorecem a cólera diante do menor dos privilégios concedido a alguém (e da forma particularmente intolerável de privilégio que é a sorte). A inveja pode ser dirigida a uma aparência, um detalhe físico, uma marca de automóvel, um parceiro amoroso; ou se pode até mesmo invejar no outro sua miséria, suas doenças, quando as achamos mais interessantes do que nossa condição normal demais. Assim como não se deve importunar os próximos com o relato dos nossos infortúnios, também não é preciso esmagá-los com as pompas da nossa vitória. Cálculo sutil que obriga a não falar de uma boa notícia, a vestir-se modestamente, fazer cara triste, em suma, converter a discrição em estratégia de distinção. Pela mesma razão, é preciso simular desdém em relação às pessoas mais favorecidas do que nós, para nos preservar das pontadas do rancor.

Existe uma outra origem mais profunda para esse sentimento: quanto mais ele se impõe como finalidade universal, mais a felicidade se esvazia de todo conteúdo. A imprecisão de sua mensagem constitui ao mesmo tempo sua força e sua maldição: e é por esta razão que se pode sinceramente lamentar por todos os que investem uma extraordinária energia na constituição desse bem enigmático e se crêem rebaixados se não o alcançam na mesma hora. (Mas se a felicidade escapa dos que a procuram, não significa de forma alguma que ela favoreça os que fogem dela.) Ninguém tem certeza de ser verdadeiramente feliz; e fazer-se a pergunta já é corromper a resposta. Da mesma maneira que, para os calvinistas, não existiam critérios claros que permitiam estabelecer se uma pessoa fazia parte do grupo dos eleitos ou dos danados, cada um de nós obtém somente da convicção interna o sentimento de estar satisfeito. Mas é uma convicção que a presença dos outros pode varrer em um minuto: eu me achava o mais venturoso dos homens e eis que, no meio de uma conversação, tomo conhecimento que um amigo tem férias mais emocionantes do que as minhas, leva uma vida amorosa mais variada, tem perspectivas profissionais mais ricas. Conclusão: não passo de um pobre-diabo atrelado a um destino medíocre.

Em resumo, a competição das ambições pode nos fazer mergulhar em um tormento perpétuo. Por mais alta que seja nossa posição, esta em nada nos protege da animosidade diante de um lugar mais elevado. E não nos permitimos viver nada de bom, já que em outro lugar outros vivem melhor. A partir de então transformamos nossa felicidade em *status, exibimos nossas porções de felicidade como outros sua porção de sangue nobre*. A questão não é mais ser feliz, mas, sim, que os outros não sejam felizes e que se sintam por isso mortificados. É o caso de dizer como Racine: "Uma felicidade tão corriqueira para mim nada tem de atraente. Pois não é felicidade se não der ensejo a invejosos." Mas além de fazer com que julguemos os outros mais bem realizados ou mais abatidos do que são, esse tipo de triunfo é nefasto por atrair todos os embaraços que pretende evitar. A luta que tem por objeto detalhes insignificantes não tem fim, nada aplaca a vaidade que estraga dia e noite nosso sossego e se transforma em uma preocupação devoradora.

Como sair deste círculo vicioso que nos arrasta da fúria para o desespero? Claro, deixamos escapar a felicidade de tanto achar que não é a certa, que só uns raros eleitos detêm a chave adequada. Mas as coisas seriam mais simples se pudéssemos nos satisfazer com o que vivemos. O que torna os tratados de felicidade em geral tão triviais é o fato de trazerem uma única e mesma mensagem: contentem-se com seu destino, moderem suas ambições, desejem o que vocês têm e assim terão o que desejam. Sabedoria tão resignada quanto insípida, na qual se juntam espiritualidades de toda sorte, aflições da alma e lenitivos oficializados. Triste sonho de uma trégua eterna! Pois, se existe perigo de nos perdermos pelas sendas da beatitude conformada ao nos dedicarmos à vida profissional, conjugal, familiar, convictos de que nos proporcionarão o encantamento tão almejado, privamo-nos também das melhores coisas do mundo, ignorando ou desprezando os exemplos do outro. O outro não é apenas um rival, um censor ou um juiz: é também o "ponto" no sentido que a palavra adquiriu no teatro. Ele nos sugere, nos "sopra", mil maneiras de viver de forma diferente, de traçar novos caminhos. As baforadas venenosas da inveja podem então ser transformadas em emulação, em curiosidade, o outro pode se tornar um condutor de desejos em vez de um obstáculo intolerável. Existem pelo mundo afora outros atalhos de alegria, outras formas de contentamento. Da mesma maneira que uma obra de arte nos revela novos aspectos da vida, contribuindo assim para embelezá-la, existem aliciadores à nossa volta, seres solares, radiosos, que nos convidam a ir em busca de outros destinos. São eles os que experimentam inéditas artes de viver, libertam a felicidade de suas definições canônicas, lançam-na sobre novas pistas. Às vezes não é ruim ceder a seu apelo, como as crianças seguiram o tocador de flauta, porque instilam em nós "novos vícios" (André Breton). Nada seria mais triste do que, por obstinação, passar ao lado da própria época, do que ela tem de melhor em loucura, invenções. Duplo impasse: ficar aprisionado como um camaleão por todas as imagens autorizadas da felicidade ou permanecer murado em si mesmo, a mascar sua vidinha como uma goma sem gosto. Existe um contágio na alegria, uma magnetização irresistível. Em vez dos seres tristonhos que vagueiam em volta da infelicidade com uma cara glutona, podemos preferir a companhia dos entusiasmados, dos *bon vivants,* cuja única presença já é uma promessa de enriquecimento, de alegria.

A MÍSTICA DOS PONTOS CULMINANTES

É uma história tanto patética quanto reveladora a que o jornal britânico *The Times* expôs no final do ano de 1998: um certo Andrew Park, cidadão inglês, decidiu em 1993 festejar o Natal todos os dias. Nem uma vez fugiu à regra, no verão ou no inverno. Cada noite coloca ao pé de um pinheiro decorado com guirlandas três presentes dentro de seus próprios sapatos e os abre no dia seguinte, com encantamento. Natal todos os dias termina pesando: peru, *sherry*, chocolate, pudim, noite após noite, oneram o orçamento e compõem um cardápio ao mesmo tempo muito pesado e cansativo. O cerimonial vira um pesadelo. "Preciso de socorro", diz Andrew Park, "adoro Natal todos os dias. Mas constato que isso está se tornando perigoso."[1]

Abolir a vida cotidiana! Quem não acalentou este sonho uma vez ou outra? Em suas formas mais radicais esta utopia foi realizada pelos Estados totalitários do século XX, que conseguiram destruir o *statu quo* em nome de uma mística do movimento e da agressividade. Até o momento não se encontrou remédio melhor para a assustadora banalidade da vida do que mergulhá-la no terror e na guerra. Sem chegar até esses extremos, a recusa de fazer um pacto "com as condições insignificantes da existência terrena" (André Bréton) pode provocar um poderoso desejo de romper os diques, de rejeitar toda e qualquer respeitabilidade. Balzac já exaltava os homens cuja vida não é senão uma sucessão de poesias em ação e que "fazem romances em vez de escrevê-los". Contou em "História dos Treze" as proezas de indivíduos excepcionais, fugidos do império napoleônico, inteiramente movidos pelo culto da energia, pelo horror da platitude, pelo frenesi do prazer. É preciso obedecer a esta alternativa? Nossa única escolha é entre o destempero e a mediocridade?

A grande utopia dos anos 60, como vimos, foi decretar o prazer perpétuo, o estado de felicidade permanente. Tratava-se então de cristalizar o escoamento desordenado dos dias em um só instante de fervor sublime, de imergir o cotidiano na efervescência. Utopia magnífica e terrível da qual os situacio-

[1] Citado por Pierre Georges, *Le Monde*, 16 de dezembro de 1998.

nistas foram os principais porta-bandeiras. Mas os inimigos do tédio, repetindo-nos que "os homens vivem em estado de criatividade 24 horas por dia" (Raoul Vaneigem) adotam a respeito do prazer uma lógica do rendimento igual à do sistema industrial. Nos dois casos é preciso maximizar, submeter tudo ao imperativo da rentabilidade. As volúpias, assim como a produção, não poderiam tolerar o menor intervalo. É por esta mesma razão que os partidários da intensidade manifestam a respeito desta existência imperfeita a mesma animosidade que os cristãos de antigamente a respeito da condição humana. Para eles como para Bossuet a vida comum constitui o erro por excelência, a própria abominação. É preciso sempre fustigar os humanos, fazê-los sentir vergonha de ser apenas o que são. O que a extrema esquerda e a extrema direita reabilitaram, em sua aversão à sociedade burguesa, foi simplesmente a idéia do pecado original: *a vida é fundamentalmente culpada de ser igual todos os dias,* e quem corroborar com este fato vira cúmplice do maior dos crimes. (As profecias convulsivas dos situacionistas indiferentes à demonstração, à verificação, deram origem a belas frases, expressões iradas, lapidares, mas também a um vasto tesouro de inépcias enfáticas: Guy Debord*, por exemplo, hoje beatificado e reproduzido no museu Grévin da subversão, utilizou-as em profusão.)

Transformada em absoluto, a intensidade torna-se de tal modo intransigente, que se inverte e vira calúnia contra a vida. Se o prazer é a única realidade, confunde-se com a ordem das coisas e deixa, pois, de ser prazer (o que, num outro nível, a prostituição demonstra ao fazer do ato mais perturbador, a conjunção carnal, uma mecânica e um comér-

* Principal animador do grupo situacionista (1931-1994). (N.T.)

cio). Chega um momento em que todas estas palavras utilizadas mecanicamente, "paixão", "desejo", "gozo", "vontade de vida soberana", transformam-se em conversa fiada, em ladainha: há devotos da volúpia como há devotos do mercado ou da revolução, e seus pregadores não são menos repetitivos. Mas sobretudo é preciso que haja na vida dias em que nada acontece, *é preciso preservar a todo custo as densidades desiguais da existência*, quanto mais não seja para beneficiá-la com o prazer do contraste. Os grandes jorros de exaltação elevam-se quase sempre de um fundo de esperas, de preocupações insignificantes que eles iluminam e dos quais se distinguem. Uma baforada de alegria confere brilho a um dia que até então não tinha sido nem bom nem ruim, mas por causa dela adquire um colorido especial. Se existem dias que nos fazem sair do tempo e nos permitem tocar com o dedo uma espécie de eternidade, não é por causa disto que estaríamos inaugurando uma era da perfeição; da crista do instante admirável, recaímos contra a vontade na duração profana, ainda sufocados pela beatitude entrevista. Não abolimos o cotidiano, saímos dele às vezes, fazendo-o mais intenso. *A verdadeira vida não é ausente, ela é intermitente*, um clarão em meio à monotonia, de que sentimos em seguida uma saudade emocionada. Ou, mais precisamente, não existe "verdadeira vida", no sentido de uma só e única verdade, mas muitas vidas interessantes possíveis, e esta é a boa notícia.

Foi igualmente a nobreza do surrealismo que exaltou o "maravilhoso cotidiano"[1], convidando-nos a uma revolução do olhar para ver nosso meio ambiente com novos olhos. A

[1] "Terei por muito tempo o sentimento do maravilhoso cotidiano? Vejo-o se perder em cada homem que avança pela própria vida como por um caminho cada vez mais bem pavimentado, que avança pelo hábito do mundo

poesia não está escondida nos céus ou num futuro hipotético, ela é acessível a todos, de imediato. Por meio, por exemplo, da escrita automática feita de deslocamentos e de quebras que permitem formar novas sonoridades da língua*, mas também da exaltação de tudo o que consideramos como estereótipos: objetos usuais, cartazes, símbolos para os quais o olho e o espírito se voltam maquinalmente. Nós apreendemos o mundo como cegos, não sabemos mais nele discernir as riquezas escondidas. Debaixo do vulgar é preciso distinguir a beleza assombrosa. Nunca é o real, é meu olhar que está adulterado, e devo desinfectá-lo, livrá-lo de suas impurezas.

A própria arte moderna não é também um processo de "transfiguração do banal"?[1] Por um lado ela dessacraliza a obra clássica, a tela, a escultura pelos objetos, os mais ordinários materiais; por outro ela sublima esses objetos triviais, arrancando-os de seu contexto, exilando-os, elevando qualquer produto de consumo à dignidade artística, como os mictórios de Duchamp[2]. Trabalho de demolição de um lado, de promoção de outro: toda uma parte da estética contemporânea consiste nesta transposição. Decadência do nobre e do

---

com uma naturalidade crescente, que se desfaz progressivamente do gosto e da percepção do insólito. É o que, em desespero, não poderei jamais saber." (Louis Aragon, *Le Paysan de Paris*)

* Referência ao *Primeiro Manifesto do Surrealismo*, de André Breton. (N.T.)

[1] Arthur Danto, *La Transfiguration du banal*, Seuil, 1989.

[2] A ironia é que outros artistas podem devolver a provocação e, como Pierre Pinoncelli, em 1993, em Nimes, aliviar-se por sua vez dentro da célebre fonte em forma de mictório invertido criado por Duchamp em 1917 e bater no objeto com um martelo. Pinoncelli, iniciador na França dos *happenings* de rua e processado na justiça, explicou que, ao contrário de Duchamp, quis transformar uma obra de arte em objeto comum, atitude que considerou semelhante a um desempenho artístico.

pomposo, valorização do feio, do refugo. Compete ao artista mostrar-nos que a vida dita comum é tudo, exceto comum, fazer-nos acordar para seu conteúdo feérico. Uma revolução estética é de início uma revelação que rejuvenesce o mundo, que abre para ele perspectivas inéditas. O "insignificante" é sempre um extraordinário invisível, assim como a exceção é um "insignificante" exumado. Em outras palavras, a vida cotidiana pode ser transfigurada se cada um de nós, de acordo com suas possibilidades, tornar-se um fazedor de milagres, um criador de Éden, "divino matador de hábitos" (Pierre-Albert Birot).

JARDINAGEM OU "RADICALIDADE"?

No entanto, a existência nunca se reduz à alternância da altitude e da platitude ou à sua inversão; há entre as duas uma gama completa de pequenas delícias que só depreciaríamos por desdém. Há, sobretudo, mais importante do que a felicidade, a alegria de simplesmente estar vivo, a alegria de estar aqui na terra para esta aventura efêmera e insensata[1]. Podemos rir dos minúsculos prazeres e de outras ninharias, achá-los populares demais, minimalistas demais. Não impe-

---

[1] Difícil aceitar uma definição de alegria como aprovação incondicional da vida, aquiescência absoluta a tudo que é: *amor fati* (Nietzsche). Assentimento e resignação estão a um passo um do outro, e estas proposições parecem-se demasiadamente com as pregações dos carolas mais retrógrados. Ao contrário, não existe alegria de viver a não ser na discriminação entre o odioso e o delicioso, na recusa de aceitar as coisas do modo como elas são. O poder de dizer sim só tem valor pelo poder equivalente de dizer não.

de que contenham uma grande verdade e consagrem a legenda dos séculos* dos não graduados, dos anônimos. Têm de particular o fato de quebrarem um duplo tabu: o da miserabilidade atrelada à noção de povo (esse povo que imaginamos vítima ou revoltado, nunca feliz) e o do ridículo, uma vez que cometem o erro de ser gregários, nem originais nem singulares. Essa felicidade dos simples, da "gente modesta" (Pierre Sansot), que sai para pescar, que faz *camping*, trabalhos manuais, tarefas domésticas, jardinagem (e sabemos que o gosto por jardins difundiu-se na Europa quando as pessoas deixaram de acreditar no Paraíso terrestre), podemos varrê-la de uma só vez, fazer pouco caso dela, passar a vida inteira a demonstrar que não existe, que não passa de ilusão.

AS PRISÕES DO CALENDÁRIO

Por que se vai à escola? Antes de mais nada, para aprender a ficar quieto e ser pontual, dizia Kant. O bom aproveitamento dos dias e das horas, eis o que se inculca de imediato em nossas cabecinhas louras ou morenas. Interiorizada desde a infância, esta aclimatação à regularidade já não nos deixará. Éramos turbulentos e fantasiosos, aprendemos a ficar sentados e assíduos.

O planejamento do horário garante também que se possa dominar o tempo, enquadrar os dias, organizar a dispersão. Oferece o prazer todo especial de converter o vazio em pleno. Pois é difícil ocupar as horas; e, sendo assim, tratemos de prever sua ocupação quase minuto a minuto. "A elaboração da minha agenda para este inverno me tomou quase oito horas seguidas", escrevia o veleidoso Amiel. Projeto perverso de prever a vida para se abster de vivê-la. A antecipação esgota o ato por completo:

* Referência à obra de Victor Hugo, *La Légende des siècles*. (N.T.)

atração de imaginar o futuro, de acariciar sua imagem sem realizá-lo. Cerramos as semanas com o corpete rígido de um programa para nos assegurar de, pelo menos, possuir um lugar reservado, de ser esperados lá.

É no interior da limitação horária, nossa nova Tábua das Leis, que passaram a florescer as patologias. Existem os que estão sempre adiantados ou sempre atrasados: duas maneiras de desobedecer à regra, com uma exatidão que beira a insolência, com uma desenvoltura próxima da grosseria (sobretudo numa situação em que cada minuto conta como um século: o encontro amoroso). Existem os falsos descontraídos, que vivem com o olho grudado no relógio e parecem permanentemente requisitados por tarefas imperiosas. Sem esquecer os aposentados, que levantam de madrugada, vagueiam sem nada para fazer, ligados aos reflexos de uma vida de trabalho; ou a afetação de sobrecarga de certos ociosos que não conseguem nos conceder quinze minutos sem antes consultar freneticamente as agendas.

Na elaboração precisa de uma agenda, não se deve ler apenas uma formalidade de tipo obsessiva. No fundo da mais rígida das subdivisões dos dias reside a esperança de um golpe teatral: como se nos protegêssemos do aleatório, esperando-o, sonhando que ele consiga detonar as malhas muito apertadas da duração. Como guerrilheiros que improvisam ao acaso, no meio do mato, aeroportos traçando linhas brancas no solo, nós recortamos nossos dias e nossas noites com rigor, à espera de uma surpresa absoluta. Este cerimonial compulsivo nutre projetos contraditórios: o ódio doentio do espontâneo ou o desejo de um apocalipse benéfico que varrerá de uma só vez nosso abatimento. Pode-se sonhar como um calendário tanto quanto com o mecanismo de um relógio: eles são as grades da prisão, mas também a promessa de evasão.

Para um certo pensamento político, a felicidade popular é sempre a felicidade do escravo contente com a servidão, é a ignomínia satisfeita do porco, a se espojar em sua imundície, bicho e beato ao mesmo tempo. Uma vez que o povo é grosseiro, é preciso mostrá-lo pequeno nas ambições, ridículo nos lazeres, mesquinho nos sonhos. Aos poderosos as estratégias sutis da distinção, da dominação simbólica. Aos humildes a imitação laboriosa, a miséria sempre recomeçada. Não se trata, neste caso, de elevar o povo, graças à educação, à dignidade de sujeito político. Não, é preciso repreendê-lo quanto a seu modo de vida, decretar que seus gostos são patéticos, seus costumes atrasados, seus temores ridículos. E a crítica do *beauf**, do *plouc* (caipira, brega), do *petit Blanc*** por uma certa esquerda *branchée* ("moderninha", "ligada") teria mais credibilidade se reconhecesse que ela mesma faz parte do objeto que deprecia.

Não é o povo, em sua diversidade, que é amado, é a "radicalidade", isto é, a mitologia que se quer aplicar à força nas camadas populares, quer agrade a elas ou não. Quando o povo trai essa vocação e opta por uma maneira diferente das duas formas canônicas — da luta ou do lamento —, quando se permite pequenas alegrias, é tachado de maldito, classificado na categoria de traidor de sua missão histórica. "O povo não sabe que é infeliz; nós vamos informá-lo", dizia Lassalle. Vocês são escravos que se crêem livres, brada o revolucionário indignado aos que se deleitam com suas modestas fantasias. Um pouco como Rosa Luxemburgo admirando-se a cada manhã com o fato de os proletários não pegarem em armas para derrubar a sociedade capitalista, a trupe dos "defensores

* *Beau-frère* (cunhado). Nos anos 70, o desenhista Cabu criou esse personagem, símbolo do pequeno burguês: adiposo, de idéias estreitas, reacionário, vulgar, misógino, etc. (N.T.)

** *Petit Blanc* (copo de vinho branco). Estilo *petit Blanc*: estilo dos que só se preocupam com a própria salvação, independentemente da salvação da maioria dos oprimidos. (N.T.)

dos oprimidos" gostaria de fazer com que o povaréu sentisse vergonha de seus pequenos contentamentos e levasse sua existência a sério, em vez de posar de figurante de uma grande narrativa histórica. Sempre existirão intelectuais ou políticos para elevar nossos supermercados, nossos subúrbios e nossa feiúra habitual à ordem de crime superior a todos os outros. É precisamente o trabalho do revisionismo, sobretudo da extrema esquerda, que consiste geralmente em banalizar o nazismo para nazificar a banalidade capitalista e liberal.

A DIVINA INCONSEQÜÊNCIA

Não há, pois, salvação fora da banalidade, ou mais precisamente, esta última constitui contraditoriamente o freio e a possibilidade da primeira (ao mesmo tempo que exclui qualquer esperança de salvação definitiva). Sonhar com a abolição da banalidade é nutrir, sob uma aparência de grande energia, uma fantasia policial para disciplinar à custa de excitantes o enfadonho escoar dos dias para dele extrair o máximo de sensações. Deveríamos então qualificar de inexistente a vida das pessoas idosas, para as quais a disponibilidade de prazeres encolheu, mas que, apesar da diminuição, continuam a usufruir de inúmeras satisfações? Não conseguimos sair da mesmice do cotidiano apenas com a força de vontade ou a exortação e "a mais agradável das disposições tem muitos intervalos de abatimento", como dizia a *Enciclopédia* no século XVIII. Os surrealistas pretendiam encantar de novo o mundo, os situacionistas alçar a vida até os cimos. Mas, da mesma maneira que o *slogan* "Viver sem tempo perdido e gozar sem entraves" tornou-se o da mercadoria e da informação que circulam dia e noite sem pausas nem fronteiras, a transmutação surrealista do banal degenera muitas vezes em faquirismo quando se contenta em nos dourar a pílula, em praticar o embelezamento sistemático. Não basta um pouquinho de brilho nos olhos e uma enorme grandiloqüência para, de repente, fazer surgir palácios sobre os escombros dos casebres. (Resta saber por que estes dois movimentos de insurreição contra a vida — e o primeiro tinha, ainda assim, mais genialidade, mais brilhantismo — mergulharam bem depressa em prestações de contas, invectivas, excomunhões, como se a velha perversão humana se vingasse dos que haviam pretendido expulsá-la.)

A despeito do desagrado dos cruzados do arrebatamento, não existe revolução contra o tédio: existem fugas, estratégias de derivação, mas o déspota cinzento resiste de forma contumaz. Pois ele tem suas virtudes: derruba-nos, mas nos obriga a empreender, permite-nos aprofundar os recursos insuspeitados da duração. Em seu torpor, anuncia por vezes modificações radicais. Sem o tédio, sem essa sonolência do tempo na qual as coisas perdem o sabor, quem jamais abriria um livro, deixaria sua cidade natal? Temos tudo a temer de uma sociedade do divertimento contínuo que sature dia e noite nossos mínimos anseios.

Robert Misrahi: "A vida feliz implica uma experiência qualitativa que una a satisfação à significação, ou seja, a densidade de uma presença em si em harmonia com ela mesma e a coerência de um sentido efetivamente desejado e realizado."[1] Parece-nos, ao contrário, que um momento de felicidade é um momento escapado da tirania do sentido, uma trégua na duração, evaporação provisória da angústia. Não quer

[1] Robert Misrahi, *A Felicidade*, Difel, 2001

dizer nada estar alegre, rir ou abraçar entes queridos, mas nos faz bem. Por que a felicidade precisaria de sentido como o manco de sua bengala? É por meio de sua divina travessura que nos gratifica sem razão, explode como se fosse uma fanfarra ou insinua-se furtivamente entre os dias para eclipsar-se da mesma maneira. A maior das felicidades talvez seja a que apresenta um grau elevado de arbitrariedade, que não resulta de nenhuma espera, nenhum cálculo, que cai sobre nós como um dom dos céus, interrompe o curso do tempo e nos deixa desconcertados, encantados, transidos. (E podemos também revisitar a humilde morada de nosso passado e lá encontrar inúmeros instantes em que fomos felizes sem saber.)

Se a felicidade fosse realmente, como vivem nos repetindo, o voto mais caro de todos, se pudéssemos impô-la por decreto ou aprisioná-la com uma rede, como explicar por que tantos homens no momento em que vão alcançá-la tratam de destruí-la, pisoteá-la, como se pressentissem que essa vitória seria pior do que a derrota? Como se suspeitassem de que nada se parece mais com o Inferno do que o Paraíso, que este último pode ser entrevisto mas não alcançado (como sabem os toxicômanos, pois para eles o prazer absoluto do *flash* inverte-se rapidamente e transforma-se na sede atroz da abstinência). Se, por milagre, no espaço de uma noite, todas as nossas vontades fossem realizadas, seríamos consumidos pelo tédio: é por isso que a imortalidade prometida pelas religiões promete, mais do que tudo, uma eternidade de embrutecimento.

OS DOIS ESTADOS DA FESTA

Tradicionalmente, as festas religiosas ou pagãs representam momentos de embriaguez nos quais a sociedade inverte suas hierarquias, mergulha na desordem para estreitar seus laços, regenerar o tempo. Nossa época individualista tolera mal essas rejubilações programadas e crê não haver nenhuma necessidade de datas marcadas para manifestar seu instinto lúdico. Em nome da palavra soberana improvisação, cada um pretende se divertir por sua conta, despertar as fontes de exaltação sob a superfície de uma existência excessivamente bem-comportada. Mas não basta recusar as diversões obrigatórias para conseguir alegrar a si mesmo.

Vejam as boates: essas "casas de ilusões", como antigamente se qualificavam os bordéis, formam uma bolha de efervescência na trivialidade dos dias e criam um mundo pelo avesso, com seus códigos, seus ritos, sua fauna. Mas são também espaços histéricos, onde o riso e a alegria são sempre um pouco forçados e exibem muitas vezes uma festividade mecânica à custa de barulho, tumulto, fumaça. O freqüentador de boates é uma espécie de profissional do imponderável, de estrategista da exuberância.

Contudo, estaríamos errados em contrapor a essa avalanche de artifícios a festa autêntica, a "comemoração sincera". Pois sobre qualquer reunião de humanos que bebem, dançam e festejam paira uma ameaça de fracasso, de fastio, como se os deuses fossem abandonar a cena. O sucesso desse tipo de reunião depende de uma misteriosa alquimia: em qualquer assembléia alegre há um contágio irresistível que extrai somente dele mesmo a razão de ser. Mas, quando a fusão não ocorre, quando as conversações perdem a graça e quando todos os ingredientes necessários — música, álcool, droga, sexo — não conseguem realizar a química mágica, a graça ocasional da festa se inverte em melancolia.

A ideologia festiva tem seu correspondente na doutrina do trabalho — é preciso se divertir, como é preciso trabalhar, como quem traz para dentro de casa as festas dos outros, feito o Halloween —, a mística da espontaneidade não garante mais encantamento do que a mais rígida das organizações. Eterno paradoxo: a partir do momento em que ela é seu próprio pretexto e dissipa as emoções de encomenda, a festa se faz menos facilmente. A faísca se recusa a irromper, um gosto de cinza arruína os mais belos festins. Desforra dos que dormem de touca contra os que gostam de passar as noites em claro. Nós não somos senhores de nossos divertimentos, são necessárias regras para suscitá-los, e é preciso começar por fingir grande alegria para senti-la de verdade. Há todo um manuseio da espontaneidade que equivale ao cerimonial um tanto rígido dos carnavais e celebrações de outrora. O fervor não pode ser comandado e nos faz às vezes a má surpresa de não comparecer aos encontros que marcamos com ele.

Viver unicamente para a felicidade é, pois, viver por alguns instantes e atirar o resto às urtigas. O que também quer dizer que a infelicidade começa assim que a felicidade cessa, enquanto a maior parte da existência escapa a essa alternativa e transcorre em um meio-termo assimétrico feito de pequenas contrariedades, preocupações, pequenos prazeres, esperas, projetos. Ei-nos condenados a maldizer a banalidade tanto quanto a aceitá-la: ela é o abismo que nos devora e a monotonia condutora de luz. Ela nos acena com o que encerra de maravilhoso, no duplo sentido do termo, exibindo e dissimulando. É indeterminável.

TERCEIRA PARTE

A burguesia ou a abjeção do bem-estar

Capítulo VII

ESTA DESREGRADA E PRÓSPERA CRIAÇÃO DO MÉDIO, DO MEDÍOCRE*

"Chamo de burguês todo aquele que pensa irrelevantemente."

Flaubert

"Não lutamos para que o povo fique feliz. Lutamos para lhe impor um destino."

Ernst von Salomon

É PRECISO SER MONGE OU SOLDADO

Em 1995, em Colmar, dois jovens lançaram artefatos incendiários contra um restaurante chique daquela cidade. O proprietário faleceu no incêndio. Presos alguns anos mais tarde, os dois jovens, por sinal de boa família, explicaram seu gesto como vontade de destruir um símbolo da ordem burguesa.

O burguês! Grande ou pequeno, há dois séculos é o ser mais odiado, mais vilipendiado, uma espécie de protótipo

* Herman Hesse.

abstrato da ignomínia, que abandonou sua feição real para se instalar no panteão das divindades malditas. Toda a história da mitologia antiburguesa não é senão uma longa declinação de anátemas: desde o comerciante do Antigo Regime que arremeda a aristocracia, fantasiado e dançando de forma grotesca, até o capitalista dos séculos XIX e XX, que engordou à custa do suor e do trabalho do povo. Rejeitado com repugnância pela nobreza por seu prosaísmo, pela classe operária por sua cupidez e pelo artista por desprezar seu modo de vida subserviente ao cálculo e à utilidade, o burguês é sempre condenado por uma mediocridade ontológica. Avarento, explorador, grosseiro, só faltava ao buquê de qualidades negativas acrescentar mais uma: a de criminoso, pois sabemos, desde Hannah Arendt, que foram os indivíduos assustadoramente normais que se tornaram os executantes da máquina de extermínio nazista[1]. O bom pai de família que Péguy havia batizado de último grande aventureiro do século XX passou agora a um monstro do poderio, disposto às piores atrocidades para ver garantida sua pensão e seu seguro de vida.

Desde os românticos e Nietzsche, existem pelo menos três agravos a que essa classe tem que responder diante de todos os campos: *mediocridade, vulgaridade e rapacidade, as três constelações do cosmos burguês*. É preciso ser monge ou soldado, exclamava Joseph de Maistre, resumindo em uma fórmula toda a grandeza do Antigo Regime, animado por algumas paixões fundamentais. Pois bem, foi durante o declínio dessas duas figuras, o guerreiro e o santo, que nasceu o burguês, dedicado inteiramente ao tranqüilo comércio, ao qual o

---

[1] Georges Steiner retomou a hipótese de Arendt, aprofundando-a em seu belíssimo livro *Le Château de Barbe-Bleu*, Folio, Gallimard, 1973, para a tradução francesa.

Iluminismo atribuiu o duplo mandato de exorcizar a violência e drenar as pulsões por meio de uma atividade metódica. É o interesse, diziam os filósofos franceses e ingleses, que constitui a mais social e a mais serena das volúpias: ele pacifica os costumes e regulariza a existência. Canaliza o desejo para um só objeto, a atração do ganho, e substitui as condutas desarrazoadas pela prudência da contabilidade, o gosto pela aquisição, o instinto de propriedade. Combinando virtudes e inclinações, os negociantes tornaram-se o verdadeiro modelo dos tempos modernos: "O comércio cura os preconceitos destruidores, sendo praticamente uma regra geral o fato de que onde há costumes moderados há comércio, e onde há comércio há costumes moderados", escreveria Montesquieu, fustigando eremitas e conquistadores, levados à insensibilidade por sua escolha dos extremos.

Mas antes que marxistas e socialistas denunciassem nesse comedimento a exploração escandalosa do proletariado, os românticos viram nessa pacificação um encolhimento terrível do humano. A moral burguesa reduzira o desejo às dimensões mesquinhas do exclusivo enriquecimento material. A vida ficara talvez mais calma; entretanto, céus!, como era acanhada, sobretudo para os que tinham vivido os faustos da monarquia e os furacões da epopéia napoleônica. "Quem não conheceu o Antigo Regime não sabe o que é a doçura de viver." Este célebre aforismo de Talleyrand confirma que a entrada no século XIX foi vivida por muitos como uma queda, uma nova saída do Éden. O paraíso sobre a terra prometido pelo Iluminismo tornara-se *um paraíso terrivelmente terra-a-terra*. É uma felicidade sem brilho que a nova classe de empresários e comerciantes prometia: fora da loja e do dinheiro, nenhuma salvação. Não mais extremos, nem pontos culminantes: a Humanidade deveria dedicar-se a estas duas atividades com a monotonia febril da manada. Inimigo de todos os excessos, o pequeno-burguês — de certo modo um homem duas vezes pequeno — é o ser insípido por excelência, pois até suas tragédias são inglórias e desprendem um ranço de simplória domesticidade.

Qual o crime desta nova classe? Ter criado destino onde a Revolução prometia liberdade, igualdade e mobilidade. Coletivamente, ao restaurar uma sociedade de ordens por meio de desigualdades sociais; individualmente, ao forjar um novo tipo humano, dócil e modesto, idêntico em todas as latitudes. Diferentemente da aristocracia, a burguesia, a despeito de seus valores progressistas, revela-se a classe das fatalidades por excelência. Ela engendra um modelo antropológico inédito, um novo sujeito coletivo dedicado às mesmas tarefas, partilhando dos mesmos desejos, pensando da mesma maneira. Para designar essas multidões sem relevo, cuja multiplicação acontecia na Rússia de seu tempo, Gogol cunhou o maravilhoso termo "miuçalha", seres que "podem ser classificados de cinzentos pois seu modo de vestir, seus rostos, cabelos, olhos têm o aspecto turvo e cinza dos dias incertos, nem ensolarados nem tempestuosos, quando os contornos dos objetos se desfazem na bruma"[1]. Essa produção em massa do assemelhado faz do homem uma espécie amansada, na qual cada um é a réplica dos outros, um animal domesticado que renunciou a todos os entusiasmos, a toda paixão, em favor de sua segurança e sua felicidade de anão.

O que as obras de Flaubert, Zola e Tchekov têm de fasci-

[1] Gogol, *Journal d'un fou*, Folio, Gallimard, prefaciado por Georges Nivat, pp. 20-1.

nantes é o fato de trazerem à baila indivíduos aparentemente livres mas dominados por estas grandes imposições que são a fatalidade, a hereditariedade, a família, o sangue, o dinheiro, a respeitabilidade. Numa época de progresso e otimismo, estes escritores representam as aves de mau augúrio: pobres ou ricos, alcoólatras ou sadios, seus personagens carregam consigo a rachadura que os quebrará. Os mais refratários, os espíritos fortes serão alcançados um dia pela lei geral, punidos sem misericórdia por ter desejado escapar à ordem[1]. Foi o gênio de Tchekov, por exemplo, que nos mostrou, não sem alguma crueldade, almas ardentes, revoltadas, muitas vezes mulheres cujo sonho de glória, de beleza desfizeram-se nos acasos da vida. Vejam suas peças e suas novelas. O que tem importância para ele não é o que acontece, mas o que não acontece: "As pessoas não se amam, não se casam, não vão embora."[2] As *Trois Sœurs* (Três Irmãs) encerradas em sua pequena cidade nunca irão a Moscou conhecer um destino mais vasto, a *Fiancée* (Noiva) protesta: "Quero viver (...) ainda sou jovem e vocês fizeram de mim uma velha." Despede-se dos seus, cheia de entusiasmo, certa de estar deixando sua cidadezinha natal para sempre, "segundo o que acredita", acrescenta o autor, insinuando que se trata de uma falsa partida. O herói tchekoviano é um ser que se levanta para caminhar em direção à liberdade, mas sempre tropeça e cai. Os rebeldes estão condenados a ser esmagados como os outros. É provavelmente o que Sartre queria dizer quando fazia da bur-

---

[1] Veja Jean Borie, prefácio de *La Curée de Emile Zola*, Folio, Gallimard, assim como Gilles Deleuze, "Zola et la fêlure", *in Logique du sens*, Minuit, 1975.

[2] Wladimir Trubetzkoi, prefácio de *La Fiancée*, de Tchekov, Garnier-Flammarion, p. 11.

guesia o equivalente da passividade e mesmo da resistência à mudança do ser ou quando Paul Nizan descrevia essa classe como "o mundo das vidas perdidas" inteiramente "nas mãos da morte" (*Antoine Bloyé*, 1933).

A GUERRA: POR QUE NÃO? SERIA DIVERTIDO!

A esse achatamento geral dos ideais e dos comportamentos, os séculos XIX e XX reagiram com o sonho de uma catástrofe retumbante, revolução ou conflito, que interrompesse o curso excessivamente monótono do tempo. "Antes a barbárie do que o tédio"; este grito de Théophile Gautier, em 1850, iluminou toda uma época de rancores e desgostos. Uma vez que a vida sob o céu cinza da ordem burguesa segrega a mais fétida das letargias, é melhor optar pela moral predadora do aristocrata ou pela liberdade do selvagem orgulhoso de seu corpo e de seus desejos. É a guerra, a efervescência geral, que, para muitos, parecerá dotada de todos os atrativos da novidade e da sensação, sobretudo depois do longo período de paz atravessado pela Europa até 1914. Cansados da uniformidade e do sossego de suas existências, as nações européias acalentaram a idéia de um apocalipse recreativo antes de realizá-lo efetivamente.

Como se expressou um jovem pensador em 1913: "A guerra: por que não? Seria divertido."[1] Não contente de ser um entretenimento, ela representa para muitos a mais bela das sínteses, a junção da energia do bárbaro com a valentia feudal. Foi o sociólogo Werner Sombart quem, em 1915,

[1] Citado por Julien Benda, *La Trahison des clercs*, Grasset, p. 211.

opôs o espírito comerciante dos ingleses ao heroismo dos alemães, descendentes dos bravos cavaleiros teutônicos. E foi em especial Adolf Hitler quem, em 1914, agradeceu a Deus de joelhos pelo estouro da guerra, por ver nela a pátria natural do homem, a provação suprema que transforma as trincheiras em um "monastério com paredes de chamas".

> Em minha fervilhante juventude, nada me afetou mais do que ter nascido justamente em um período que visivelmente erigia templos de glória apenas para donos de lojas e funcionários públicos. As flutuações dos acontecimentos históricos pareciam já ter se acalmado, e o futuro dava a impressão de pertencer somente à competição pacífica dos povos, ou seja, a uma exploração recíproca fraudulenta e admitida, excluindo qualquer método de autodefesa pela força. (...) (Assim, quando o conflito de 1914 explodiu) as horas foram como uma libertação das penosas impressões de minha juventude. Também não tenho vergonha de afirmar hoje em dia que, tomado por um entusiasmo tumultuoso, caí de joelhos e agradeci de todo o meu coração ao céu por ter me dado a felicidade de viver numa época como essa[1].

À vulgaridade do "último homem" nietzschiano exclusivamente interessado em seus pequenos prazeres, o século XX inteiro, do coronel Lawrence às Brigadas Vermelhas, passando pelos futuristas e pelos franco-atiradores, opôs o romantismo das almas vulcânicas, impacientes por se perder nas "tempestades de aço" (Ernst Jünger) e pisotear "essa cultura imunda"[2]. É preciso ser "duro ou inerte", como se expressavam os teóricos do nacional-socialismo, ter a consistência de

[1] Adolf Hitler, *Mein Kampf*, Nouvelle Editions Latines, pp. 158-9.

[2] Citado por Hannah Arendt, em *Le Système totalitaire*, Points-Seuil, p. 52.

um bloco ou a inconsistência de um mingau, cultivar a "camaradagem da máquina", que nos dará almas e corações de ferro[1]. Sabemos, enfim, da fascinação exercida sobre os intelectuais do século XX, todos de origem burguesa, pela violência e pela brutalidade, seu gosto pelas "situações limite" (Jaspers), sua inclinação pelas políticas do pior maquiadas de preocupação com a justiça. "Só quero viver nos extremos. (...) Tudo que é medíocre me faz gritar de exasperação", brada exaltado Drieu La Rochelle em 1935, depois de ter visitado Nuremberg e Dachau, e a caminho de Moscou. Nove anos mais tarde, em 1944, anota em seu *Journal* (Diário) sua admiração por Stalin, o novo dono do mundo, mais forte do que Hitler.

Qual o crime da burguesia? É preferir a segurança, em vez da coragem, a sobrevida medíocre em vez da morte gloriosa num banho de sangue redentor. A felicidade burguesa é duplamente odiosa: para os crentes por exaltar um materialismo que não dá valor à salvação espiritual; para os revolucionários por consagrar o triunfo de homenzinhos pusilânimes que não ousam colocar a própria vida à prova do sacrifício supremo. Sim, é melhor ser um terrorista, um criminoso do que um funcionário subalterno ou um acionista minoritário! E antes Mao ou Pol Pot, Fidel ou Milosevic do que a nauseante dominação burguesa. Até Auschwitz para alguns se torna preferível ao pesadelo cibernético de nossas sociedades[2]!

---

1 Trata-se, respectivamente, de Alfred Hugenberg, em 1928, e de Kurt Schuder, em 1940. Citados por Peter Sloterdjik, em *Critique de la raison cynique*, Christian Bourgois, pp. 555-6.

2 "E, mesmo assim, que lirismo nos massacres de Auschwitz quando comparados às mãos geladas do condicionamento generalizado para o qual tende a sociedade futura e tão próximo da organização tecnocrática dos cibernéticos." (Raoul Vaneigem, *op. cit.*, p. 21)

Graças a Deus, não somos obrigados a escolher entre o inferno e a platitude. A guerra, sabe-se, não anda agradando muito no Ocidente; nossos exércitos adotaram — pelo menos para eles — a palavra de ordem de "zero morte", e o século passado nos vacinou, talvez provisoriamente, contra as carnificinas coletivas (mas não contra a violência que ressurge mais forte ainda). O que desvalorizou a guerra foi sua singular aliança com o horror e o tédio. O espanto provocado por esta aliança implica o raciocínio: adotada para derrotar a monotonia, a traz de volta em um grau nunca visto. E nossos contemporâneos, considerando suas vidas pessoais mais importantes do que qualquer causa, não querem mais saber, com justa razão, de rotina nem de matanças, além de estar imunizados contra poéticas do abismo. Mas o que principalmente mudou no Ocidente, a partir dos anos 60, foi a liberação dos costumes. É ela que nos incita a procurar nos prazeres amorosos ou em certas drogas a intensidade que outros antes buscavam em empresas belicosas, mas nos faz correr o risco (mas isto é um outro problema) de ver nosso prazer por sua vez anexado ao reino da saciedade (a grande aventura moderna é a aventura interior, a exploração dos espaços do eu). Em outras palavras, adquirimos *o direito de viver de outra maneira*, de escapar do jugo de um modelo único. Abalada pelas contestações, a burguesia teve que se modificar e aceitar não ser a última palavra do homem, a figura canônica da vida civilizada. Os Anos Loucos, as revoluções artísticas, a emancipação do pós-guerra, a irrupção do *jazz* e do *rock'n roll* marcaram o enfraquecimento de sua enorme ascendência sobre a sociedade.

A mesma moral da suspeita que lhe havia permitido acabar com a grandiosidade aristocrática voltou-se contra ela e obrigou-a a se abrir, a se ver permanentemente com os olhos de um outro. Outrora "cheio de compostura", o burguês novo, isento de qualquer obrigação com a coletividade, é circunspecto de dia, "farrista de noite" (Daniel Bell), fazendo de sua vida uma mistura da ética neoliberal com o delírio de prazeres herdado dos anos 60[1]. Entretanto, acima de tudo, tornou-se o homem da consciência pesada, que execra nos detalhes ou na totalidade o meio do qual é originário. A obra inteira do sociólogo francês Pierre Bourdieu, por exemplo, demonstra essa ira de si mesma da pequena-burguesia, que a faz por um lado espezinhar sua classe de origem, mas por outro exercer *vis-à-vis* as altas esferas, os "donos do mundo", uma reprovação reverenciosa, uma hostilidade cheia de respeito.

Como se reconhece um burguês? Pelo fato de estar todo tempo a maldizer a burguesia, sua odiosa respeitabilidade, sua atroz hipocrisia. A tal ponto, que a autodifamação tornou-se a maneira de ser do burguês: por pertencer a uma classe que precisa estar constantemente legitimando sua existência e não pára de tripudiar sobre os princípios que apregoa, é obrigado a viver dividido, em oposição a si mesmo, e a dar "em parte razão a seus adversários" (François Furet). É por isso que ficamos tão chocados quando os conservadores europeus e americanos, retomando o tom de cruzados de seus ancestrais, pretendem de novo reger nossos costumes e nossas intimidades, impor a todos um mesmo modo de vida. E que absurdo ver no Pacs* ou num eventual casamento homossexual acompanhado de adoção as premissas de uma desagregação da famí-

1 Como brilhantemente notou Mark Lilla: "A dupla revolução liberal: anos 60 e Reaganomics", *Esprit*, de outubro de 1998.

* Pacs: contrato concluído entre duas pessoas maiores, de sexo diferente ou de mesmo sexo, para levar uma vida em comum. (N.T.)

lia! É exatamente o inverso: a ordem familiar é que está triunfando em toda parte, seja qual for o grupo a que se pertença, e não vemos em nome de que argumento, antropológico ou não, poderíamos ser contra isso. Notemos, aliás, que aquilo que antigamente era chamado de tacanhez burguesa, a obsessão da consciência tranqüila, adesão rigorosa a si mesma, ainda que continue a vicejar profusamente na burguesia, estendeu-se a seus inimigos e atinge qualquer grupo, categoria social, minoria étnica ou sexual, pois todos se encheram de orgulho de ser o que são e o exibem com uma altivez sem recuos. A própria identidade é declinada apenas para incitar os outros a reconhecê-la, sendo exibida com espalhafato talvez por medo de não existir sem ela. É como se constituísse, para muitos desses movimentos, uma prerrogativa para servir de desculpa pelas deficiências, livrando-os das dores da auto-acusação, da obrigação de se olhar com distanciamento. O conformismo do anticonformismo não é pior do que qualquer outro, e a política dos marginais não deixa nada a dever à dos normais, sobretudo quando atribui a si mesma o álibi da rebelião[1]. Hoje em dia, Seu Fulano se diz artista e adota pose de subversivo, de grande resistente (ao capital, à ordem moral, ao racismo, ao fascismo, à censura, etc.). O que os vitupérios antiburgueses têm de específico é o fato de fazerem questão da permanência de seu objeto de execração. Os vitupérios não desejam matar, mas conservar.

---

[1] De acordo com Lucien Sfez, em 1995, 48% dos estudantes de literatura de Stanford (Califórnia) declararam-se *gays*, cifra que teria pouco a ver com a realidade. O autor vê três razões para esse fenômeno: é chique se dizer *gay*, diferenciar-se da imagem truculenta do heterossexual e, como os *gays*, são uma minoria, têm proteção sindical e também não podem ser acusados de assédio sexual, *op. cit.*, p. 65.

AMARGO TRIUNFO

Pois, por uma ironia maligna ou maldita, como quiserem, a burguesia não somente sobreviveu à sua destruição, mas também proliferou, a ponto de se tornar a nova classe universal, no meio do caminho entre os muito ricos e os muito pobres, enquanto o proletariado, ex-sujeito messiânico, decresce em toda parte numericamente em favor de uma precária classe assalariada. Em suma, o burguês não tem mais o *outro*, e seus detratores mais ferozes, como aquele artista, representam apenas variantes mais ou menos pitorescas. Uma vez que a burguesia incorporou os modos de vida que a desafiaram, as diferenças de classe continuam existindo, mas dentro de um mesmo conjunto e evoluindo em uma esfera única, mas nem por isso menos ferozes. E esta própria massa dominante opõe-se a todos os excluídos que formam em suas fronteiras um agregado turbulento e impertinente, ainda mais rancoroso por não ter, no presente, nenhum projeto. Se nada escapa aos imensos tentáculos da classe média, ao menos nos resta o recurso de desprezá-la, ou seja, de nos desprezar, de nos flagelar sem interrupção. De políticas as recriminações antiburguesas foram se tornando com o tempo culturais e até metafísicas.

Somos todos burgueses de uma maneira ou de outra, é o que prova nossa religião da Economia, elevada ao patamar de espiritualidade suprema. Ela passou a fazer o papel de absoluto, é por meio de seus critérios que se avaliam nosso contentamento e nossa inquietação, em suma, ela se tornou nosso destino, em vez de ser um serviço. Deste fato decorre *a moderna confusão entre conforto, bem-estar e felicidade*, e nossa veneração pelo dinheiro: pois nos tornamos todos protestantes no sentido de Max Weber, todos cremos nas virtudes do dinheiro e no dinheiro como virtude (é, mais precisamente, uma variante puritana do protestantismo que brotou na América e de lá se expandiu pelo mundo inteiro). Talvez a fraqueza das doutrinas utilitaristas seja postular um Bem Soberano, que todo mundo deve seguir e acreditar ser possível o acordo das boas vontades. Elas têm o mérito de promover uma política progressista que defende as aquisições do *welfare state*; mas elas fraquejam em meio à dificudade tão logo definem de maneira arbitrária seus conteúdos, reservando-se o direito de excluir tudo o que desafiar a regra: quando, por exemplo, penalizam os fumantes inveterados, já que um homem que destrói sua saúde não pode estar feliz, ou quando se preocupam obsessivamente com as repercussões do "limite de velocidade de 88 quilômetros por hora" sobre nossa felicidade[1]. Nada existe de condenável nestas questões, ao contrário, e foi necessário uma verdadeira revolução política e moral para estender à plebe o direito aos confortos e às comodidades. Lembremo-nos que no século XIX os reacionários consideravam indispensável à paz social manter o povo imerso no temor e na penúria. Mas se os governos podem criar condições ótimas, favorecer toda espécie de fins em princípio bons (saúde, habitação, educação, segurança), nem por isso estão autorizados a definir o que deve ser uma vida feliz. Os homens só estão de acordo a respeito dos males que desejam evitar; não conseguem, nas democracias pelo menos, entrar em acordo sobre o bem supremo, deixado à apreciação de cada um que o coloque onde bem entender. É possível debater esta questão indefinidamente, constatar com

[1] Charles Murray, *Pursuit of happiness and good government*, Simon and Schuster, New York, 1988, p. 186.

espanto que existem mil formas de abordagem do encantamento, tentar obter o consentimento do outro a este respeito, mas não impor ou decretar. Em outras palavras, *existem políticas de bem-estar, não existem políticas de felicidade.* Se a miséria torna os seres infelizes, a prosperidade não garante de forma alguma a euforia e o deleite. É o perigo de se inscrever o direito à felicidade na Constituição: ou ela será diluída em uma miríade de direitos subjetivos que ignoram o interesse comum ou se outorgará a uma oligarquia ou ao Estado o cuidado de dizer o que é preferível, correndo-se o risco de se cair no autoritarismo.

Villiers de L'Isle-Adam imaginara um aparelho para captar os últimos suspiros com o objetivo de tornar o fim dos entes queridos menos cruel. Reich construíra uma máquina para acumular "a energia orgonômica". Suponhamos que neste momento um grupo de cientistas esteja em via de construir um "hedonômetro", para calcular a FNB (Felicidade Nacional Bruta[1]), a taxa de bem-aventurança de uma determinada população, do mesmo jeito que se mede a umidade do ar. Seja qual for a engenhosidade do cálculo, é grande a probabilidade de as cifras terem pouco a ver com a "felicidade", que não pertence à categoria da estatística ou da necessidade.

Ocorre que, a partir de 1989, o ódio ao capitalismo, longe de diminuir, foi se intensificando, uma vez que este sistema, na ausência de opções, passou a pesar sobre os destinos do mundo com o peso da fatalidade. Não lhe é creditado nenhum benefício, mas lhe debitam todas as desgraças. Pois, mesmo tendo triunfado sobre o comunismo, fracassou *vis-à-vis* ele mesmo e as promessas que nos fez em profusão pela

[1] Segundo o termo adotado pelo Clube de Roma em oposição ao PNB.

voz de seus teóricos, deixando faixas inteiras do planeta em estado de privação e indigência. A única maneira de "matá-lo" é adotá-lo em massa e unanimemente, até que sucumba ao peso de suas contradições. Mas, como ele vive apenas de seus críticos, recebe deles uma renovação de energia, garantia de ressurreição permanente. É um organismo que se transforma e se regenera sempre sob uma forma inesperada. Por uma estranha distorção, os que o fustigam têm em mente apenas atacá-lo no seu próprio terreno ou fazer melhor do que ele. Crêem ser seus adversários, mas são apenas seus intermediários, acham que trabalham para sua destruição, mas contribuem para seu aperfeiçoamento. Daí o sentido sedutor da palavra anticapitalista (ou antiliberal), que tem algo de anátema tanto quanto de serviço prestado, pois, ao destacar as deficiências do sistema, permite-lhe reconstituir-se sem se desfazer.

A execração antiburguesa tem um futuro brilhante diante de si: por intermédio desta figura de retórica, é a modernidade inteira que brada o ódio de si mesma, que repudia seus fracassos e seus horrores, condensa a aversão que sente por si mesma. Pois a modernidade não se ama (mesmo ao se disfarçar de pós-modernidade). Elevou a um grau tão alto as esperanças humanas, que não tem como não decepcionar. Acerba revanche das religiões: talvez elas não estejam com grande prestígio, mas o que veio em seguida também não vai bem. Não sei se devemos temer, como alguns afirmam, o surgimento de uma "hiperclasse" (Jacques Attali) transnacional, proprietária dos fluxos e dos saberes, que instauraria uma espécie de *apartheid* em escala planetária. Em compensação, e tendo em vista a história recente, é preciso temer certos segmentos da burguesia que, por frustração e horror de si mesmos, estão dispostos, como no século XX, a fazer alianças com o povaréu e relançar a aventura toltalitária, supostamente em nome da justiça social, dos condenados da terra, da raça, da civilização ou de qualquer outra camuflagem. Desconfiemos dessas elites entediadas, que maldizem a mediocridade de suas vidas e sonham disfarçadamente com o apocalipse e o caos.

INSIPIDEZ DAS PRECES ATENDIDAS

As ilusões perdidas: nós as contrapomos habitualmente, desde a época romântica, aos sonhos heróicos da juventude. A existência seria um trajeto fatal da esperança em direção ao desencanto, um empreendimento de entropia perpétua. A este lugar-comum de sonhos despedaçados é possível, contudo, contrapor um outro modelo: o da surpresa venerável, das ilusões reencontradas. Pois o mundo dos sonhos, ao contrário do que se diz, é pobre e mesquinho, enquanto a realidade, a partir do momento em que passamos a explorá-la, sufoca-nos com sua abundância, sua diversidade. "Chamo de embriaguez do espírito", dizia Ruysbroek, um místico flamengo da Renascença, "o estado em que o prazer ultrapassa as possibilidades que o desejo havia entrevisto." Ao princípio de anterioridade que julga a vida segundo um programa, é preciso contrapor o princípio da exterioridade: o mundo ultrapassa infinitamente minhas representações ou minhas esperas, e é necessário viver o luto das duas para começar a amá-lo. Não é o mundo que é decepcionante, as quimeras é que cerceiam nosso espírito. Insipidez das preces atendidas: existe algo de muito profundo nesta sabedoria que nos deixa preparados para nunca encontrar o que procuramos. "Livre-me daquilo que quero", impeça-me de viver na Idade Áurea, no jardim dos desejos alcançados.

Nada mais triste do que o futuro quando se parece com o que

tínhamos imaginado. Decepção quando os votos coincidem com o que estamos vivendo, ao passo que há uma emoção especial em ver nossas expectativas não consumadas por qualquer incidente. (Assim como a literatura da felicidade é no mais das vezes uma literatura desiludida: seja porque a esperança foi traida ou, o que é mais perturbador, seja porque foi alcançada, o desejo foi saciado, quer dizer, exterminado.) Mais do que do projeto realizado, o prazer nasce do projeto que muda de curso cada vez que um incidente o tranfere para outro lugar. Se o tédio está sempre junto do equilíbrio, a explosão de alegria ocorre sempre que o imaginário tem que reconhecer sua inferioridade em prodígios em relação ao real: "Eu tinha que me decidir entre o martelo e o sino, confesso agora ter registrado principlmente o som." (Victor Segalen) Toda vida apaixonante é ao mesmo tempo realização e derrota, isto é, decepção maravilhosa quando acontece o que não desejávamos e quando nos tornamos sensíveis a tudo o que torna a existência opulenta, calorosa, embriagadora. A derrocada da ilusão é sempre uma porta aberta para os milagres.

Em outras palavras, talvez não cessemos de oscilar entre duas atitudes fundamentais: a do promotor que condena a vida porque a avalia pelo critério da utopia ou de uma idéia preconcebida (o Paraíso, os amanhãs radiosos, a felicidade) e a do advogado que a defende e a celebra, custe o que custar, nas provações tanto quanto nas atrações, quer ela o fira com crueldade ou o acaricie com suavidade. E quando o acusador clama: eu fui passado para trás, o defensor responde: eu fui saciado.

Capítulo VIII

A FELICIDADE DE UNS É O *KITSCH* DE OUTROS

UM ABISMO SEM FUNDO

No processo intentado à cultura democrática desde a Revolução Francesa, existe uma palavra que volta sem cessar: a vulgaridade. Pois esta, de aparição recente, nasce no momento em que o povo, antes reduzido à sujeição, torna-se, ao menos nominalmente, o principal ator da vida política. A vulgaridade se propaga com a mobilidade social que resulta na confusão de classes, coloca lado a lado o nobre e o plebeu, o urbano e o rural, o proletário e o patrão; e constitui a pavorosa dissonância que jorra da mescla dos meios sociais diferentes, das castas separadas que já não se contentam em ficar no seu lugar. A vulgaridade tomou conta do planeta tão logo as virtudes aristocráticas, de um lado, e a ingenuidade infantil do povo, de outro, desapareceram em favor desse objeto aleatório: a classe média que, situada a igual distância dos extremos, pretende ser a fiadora do equilíbrio e das instituições, segundo um esquema que Aristóteles, filósofo da contigüidade humana, já desenvolvera[1]. Mas ela também é um lugar de circulação, uma zona de ligas impuras, onde as divisões anteriores foram embaralhadas. Nem tudo que é médio é necessariamente medíocre: também é mediação, lugar de confluência e de convergência de trocas. E a classe média está de acordo com a tripla definição de nivelamento, equilíbrio e permeabilidade.

Que o povo é naturalmente rude não constitui novidade. Antes de ser sinônimo de mártir ou de insurgente na cristologia socialista, ele exprimiu originalmente um estado primitivo da consciência. Platão, em *A República*, compara-o a um "grande animal" que é preciso acariciar, graças à sensibilidade de seu pêlo para amansá-lo, animal ignorante e estúpido que desempenha na condução de um Estado o mesmo papel que um capitão de navio surdo e míope em matéria de navegação. Sob o Antigo Regime, duas humanidades viveram lado a lado sem se contaminar, pois barreiras estanques separavam a plebe do resto da sociedade. Tudo mudou com o desaparecimento do mundo feudal. Mas o povo, tendo, em princípio, ascendido ao patamar de soberano, foi sempre mantido sob suspeita quanto a seus gostos. Kant explicará com esse argumento que o camponês, excessivamente bron-

1 "Em todos os Estados, sem exceção, existem três grupos de cidadãos: as pessoas muito ricas, as pessoas muito pobres e, em terceiro lugar, os que ocupam o meio. Se admitimos que nada é melhor do que o moderado e o mediano, é evidente que o mesmo ocorre com os bens de fortuna, o melhor é possui-los em quantidade moderada. Pois é assim que se pode com mais facilidade obedecer à razão." (citado por Jacqueline de Romilly, *Problèmes de la démocratie grecque*, Hermann, 1975, pp. 177-8). A classe média, segundo um raciocínio que será adotado mais tarde por Michelet e Raymond Aron, não é suficientemente rica para se permitir a ociosidade, nem suficientemente pobre para se revoltar.

co, não consegue captar a beleza das geleiras e dos picos, vendo neles apenas perigo e aflição. O plebeu, o servo, o camponês livre, dos quais se dizia na Idade Média que "a alma lhes saía pelo traseiro", aqueles cuja morte nas canções de gesta antigamente provocava o riso, tornaram-se decerto os personagens principais dos negócios das cidades, mas continuando por sua própria natureza refratários ao sublime. Se resolvessem se manifestar, dar opiniões, afundariam na estupidez.

A vulgaridade não é a falta de educação do rústico malcivilizado, clássico motivo de chacota por parte dos nobres; ela começa com o Burguês gentil-homem imitando o aristocrata que ele nunca será e marca sobretudo uma etapa decisiva: a invasão das massas nas maneiras e nos costumes ou, em outras palavras, a elevação do inferior ao mesmo nível do superior. É uma conseqüência da igualdade, sintoma de um tempo que pretendeu solapar as hierarquias, substituir as almas bem-nascidas pelos espíritos merecedores, conceder a todos a mesma oportunidade. Os valores foram rebaixados, as distinções apagadas: a mulher da sociedade pode se revelar uma devassa, o dignitário mais elevado um aventureiro da pior espécie. A vulgaridade, retomando uma expressão de Zola a respeito do Segundo Império, é a orgia, a mistura dos gêneros: é a investida sobre os prazeres fáceis, o amálgama das ordens e das prerrogativas, a avizinhação universal, o entrechoque dos apetites e das ambições: é, enfim, o triunfo do *parvenu* (e de seu corolário, o pária), do analfabeto milionário que se apressa em adquirir uns poucos rudimentos de polidez e cultura para jogar um véu pudico sobre suas origens[1].

---

[1] Emile Zola, *La Curée*, resumido por Jean Borie em seu prefácio, Garnier-Flammarion, pp. 21-2.

AS ESTRATÉGIAS DO USURPADOR

A vulgaridade é uma perversão do mimetismo, uma doença da legitimação: consiste sempre em simular o que não se é. Em vez de se submeter a um aprendizado paciente, o vulgar se instala no lugar daquele que imita e pretende equiparar-se a ele, até mesmo destroná-lo. A vulgaridade refaz, pois, como uma sombra carregada, a história da burguesia e lança a dúvida sobre suas mais belas conquistas: esta classe não somente traiu sua missão ao recriar abaixo dela um terceiro estado*, mas também se inclinou diante dos que derrotou, tomando-lhes emprestado modos de vida e maneiras. A nobreza fascina o burguês por ser detentora de um grande estilo que irá faltar sempre ao segundo: este copia suas maneiras com uma aplicação que beira o grotesco, pois espera assim fundar na tradição uma existência que é desprovida dela[1]. O imitador, crendo captar a alma, permanece no nível da aparência e descamba para a paródia.

UM GENE DA FELICIDADE?

Nos anos 70, um grupo de pesquisadores de neurofarmacologia, investigando os diversos efeitos da cocaína e dos opiáceos, tentou identificar as substâncias cuja presença variável no cérebro determinaria em cada indivíduo o dom do bom humor e do pra-

* Terceiro estado: na Revolução Francesa, os que não pertenciam nem à nobreza nem ao clero. (N.T.)

[1] Veja a este respeito o excelente estudo de Philippe Perrot, *Le Luxe*, Seuil, 1995, especialmente as pp. 163-7.

zer dos sentidos[1]. Evocando uma "capacidade hedônica", descreviam a depressão, a frigidez, a tensão como estados neurológicos determinados. A investigação destes domínios não cessou desde então. Que uma aptidão genética desigual para o prazer, o estresse, a dor, o envelhecimento moram dentro de cada um de nós ninguém pode negar. Mas se trataria de um fator decisivo? Se o gene da felicidade existisse verdadeiramente, assim como, igualmente fictício, o do crime, do fanatismo, da homossexualidade, que alívio! A vida deixaria de ser uma história caótica que nós escrevemos de acordo com as circunstâncias e teria toda a linearidade de um programa: não mais inscrita como antigamente no grande livro divino, mas na arborescência do DNA. Seríamos ajustados para um certo grau de satisfação, marcados por nossa bagagem cromossômica, não importando o que fizéssemos ou quiséssemos. De um lado estariam os ansiosos predestinados para sempre à adrenalina e à serotonina, do outro os beatos com o cérebro permanentemente inundado de dopamina. Findas as ansiedades ligadas à liberdade, às eventualidades: predispostos, portanto predestinados.

Ora, o grande mistério da felicidade é o fato de ela não se reduzir aos componentes que propiciam ou refreiam sua emergência: podemos reuni-los em um pacote ótimo, ela irá mais longe que todos, não consentirá em ser cerceada nem definida e se desagregará tal qual a asa de uma borboleta no momento em que pensamos tê-la segurado. Mas, acima de tudo, a vida tem sempre a estrutura da promessa, não do programa. Nascer é de alguma maneira ser prometido à promessa, a um futuro que palpita à nossa frente e que ignoramos. Enquanto o futuro tem a forma do imprevisível e do desconhecido, essa promessa tem um preço. É próprio da liberdade levar a existência para um lugar diferente do que esperávamos, confundir as inscrições biológicas, sociológicas. A excitação de não sabermos como será o amanhã, a incerteza acerca do que nos aguarda é em si superior à regularidade do prazer inscrito em nossas células. Em qualquer hipótese é um valor que ultrapassa

---

1 Trata-se de Edward Khantzian, Paul Meehl e Donald Klein, citados em Giulia Sissa, *Le Plaisir et le mal*, Odile Jacob, 1997, pp. 168-9.

infinitamente a felicidade, é o romanesco, esta maravilhosa faculdade do nosso destino de nos reservar surpresas até o final, de nos surpreender, de nos fazer sair dos trilhos em que estávamos sendo conduzidos. A uma felicidade sem história, não é melhor preferir uma história sem felicidade, mas plena de sobressaltos? Pois não há nada pior do que pessoas eternamente alegres, seja qual for a circunstância, com uma máscara radiosa pendurada na cara como se amargassem uma condenação eterna à alegria.

Ele combina de maneira confusa os sinais que não domina e filia-se, pela via do pastiche, à casta que inveja. O exagero no lugar da simplicidade, a ostentação desmedida em vez da distinção, eis o que trai o plebeu desejoso de se assimilar.

É por isso que a vulgaridade se encontra associada ao dinheiro, isto é, à tentação de comprar a elegância, a classe, a consideração que não se tem de nascença, e como tal o personagem do novo-rico é emblemático. Na sua tentativa de converter a gramática do ter em língua do ser, acaba por fazer isso em excesso, trai suas origens no exato momento em que desejava esquecê-las. O que quer que diga ou faça, falta-lhe a despreocupação, a conveniência, o "à vontade" dos bem-nascidos. Nas suas roupas excessivamente bem-cortadas, com seus modos falsamente descontraídos, tem sempre o ar dominical. E seus esforços patéticos o atiram novamente nas trevas das quais tanto desejava emergir. O que o *parvenu* aprende às próprias custas é que não se fica uma pessoa distinta só por ser rico, nem se faz parte do grupo dos ricos por se ter dinheiro: é um indivíduo que teve sucesso, apenas, e que está impaciente por ser reconhecido pela gente importante. *Há os que têm dinheiro, há os que são o dinheiro*, os herdeiros nascidos de nobre linhagem e os necessitados aos quais sempre faltarão educação, pátina do tempo, refinamento.

Como não enxergar, contudo, que a brutalidade do novo-rico é sinal de vitalidade, fator de renovação[1]? O que provoca inquietação no caso do *parvenu* é menos sua insolência do que a insidiosa corrupção dos códigos a que se entrega: os modelos que venera e que ao mesmo tempo profana. Ser copiado é ser desapossado, abalado em sua legitimidade, é quase ser derrubado. A esse respeito, a Roma absoluta da vulgaridade se chama para muita gente América, esta filha pervertida da Europa que se saiu melhor do que ela. Schopenhauer já notava no século XIX:

> A característica própria da América do Norte é a vulgaridade sob todas as suas formas, morais, intelectuais, estéticas e sociais; e não só na vida privada, mas também na vida pública; ela nunca deixa o ianque, onde quer que esteja. (...) É esta vulgaridade que o diferencia tão completamente do inglês: este, ao contrário, esforça-se sempre para ser nobre em todas as coisas; e é por isso que os ianques lhe parecem tão ridículos e tão antipáticos. Eles são, para falar a verdade, os plebeus do mundo inteiro.

Resta saber por que esses plebeus contaminaram o mundo inteiro com seu modo de vida e por que a epopéia americana impregnou o conjunto do planeta, a ponto de se tornar por sua vez objeto de um mimetismo universal. É preciso, pois, dizer que existe na vulgaridade, isto é, na falta de

---

[1] Não falta na França uma sociologia do dinheiro novo (Michel Pinçon e Monique Pinçon-Charlot fizeram a este respeito uma excelente abordagem em *Nouveaux patrons, nouvelles dynasties* [Calmann-Lévy, 1999]), mas nada foi escrito, que eu saiba, sobre o formidável sucesso dos repatriados da África do Norte, sobre sua fusão com a antiga burguesia, sobre o luxo ostentatório que exibem por vezes e que seduz alguns da mesma maneira que hor roriza outros.

modos da macaquice, uma formidável energia, um trabalho, cujo resultado é freqüentemente a criação de uma forma inédita. *Ela é um dos caminhos que a novidade escolhe para poder vir à luz.* A força da vulgaridade americana é que, movida por um espírito de construtores, rompeu todos os liames com os modelos e, em seus desmedidos pastiches de outras culturas, inventou o ainda não visto, uma nova civilização.

POR UM KITSCH *SALVADOR*

De acordo com um rumor que já dura pelo menos um século e meio, a modernidade, vitoriosa politicamente, teria constituído uma derrota estética, a dominação do pequeno sobre o grande, do mesquinho sobre o nobre, do desordenado sobre a harmonia. Entupido de objetos inúteis, o homem moderno teria trocado as graças do espírito pelas quinquilharias da distração. Uma vez que nenhuma classe ou elite já não fixa os cânones e as normas, foi dado livre curso à subcultura mercantil e midiática para que imponham em toda parte suas pseudo-aproximações, seu simplismo, sua estupidez. Nem tudo é falso neste julgamento. A vulgaridade é claramente o sintoma de uma sociedade que só se preocupa consigo mesma e que pretende conceder legitimidade a todas as expressões coletivas ou individuais. É a contrapartida da soberania popular tão logo esta última, indo além de suas competências, pretende exercer seu magistério nas maneiras e nas artes. Eis por que, se não quisermos transformar a democracia em um fracasso espiritual, é preciso proteger o povo soberano contra ele mesmo, contra seus caprichos, contra a massificação que impõe pela única razão de ser numeroso. É preciso colonizar, em benefício da democracia dos valores tradicionalmente considerados como freios à sua expansão: o fervor, a revolta, a grandeza, a intransigência. Para durar ela tem necessidade de sua própria antítese, que se arrisca a matá-la, mas também é capaz de reavivá-la. É preciso, pois, injetar-lhe doses homeopáticas de virtudes aristocráticas ou bárbaras que vão de encontro a seus ideais, declarar "a guerra do gosto" (Philippe Sollers), restabelecer gradações, esmagar o reles, o medíocre, reivindicar em toda parte a inteireza do estilo e do talento.

Seria igualmente necessário reinventar códigos de polidez para uma cultura do contato imediato: contra o tratamento íntimo sistemático instaurado como regra em certas mídias, vetor de conluio tanto quanto de familiaridade desdenhosa (Simone Veil, diferentemente de seu antecessor Bernard Tapie, quando foi ministra chamava de "senhor" seus interlocutores, jovens dos subúrbios, o que não era sinal de distanciamento, mas de respeito). E também contra o hábito vindo do outro lado do Atlântico de chamar os desconhecidos pelo nome* e, se possível, por seus diminutivos. Mas o paradoxo é que a América recriou por sua vez, contra o formalismo das maneiras herdado da velha Europa, *um formalismo da espontaneidade*, da cordialidade imediata e transbordante que parece a um estrangeiro o máximo da hipocrisia (sobretudo se esse *niceisme*, essa gentileza convencional, transforma-se em seguida em indiferença). A polidez é uma micropolítica, um artifício admitido para contornar a agressividade, fluidificar as mesclas humanas, reconhecer o lugar de

* Na França como em muitos outros países, diferentemente do Brasil, o costume formal é chamar as pessoas pelo sobrenome, pois chamá-las pelo prenome é prerrogativa dos familiares ou íntimos. (N.T.)

cada um sem pisotear liberdades. É urgente reencontrar uma civilidade que saiba conciliar deferência e flexibilidade, recriar regras simples e incluir nelas, por que não?, a velha galanteria, o tato, o "princípio da delicadeza". Existem outras formas de vida em comum além da rigidez estudada, da pseudoconivência ou da boçalidade.

Não se pode negar que existe uma vertigem do vulgar, um abismo que nos atrai e nos repele ao mesmo tempo. Ao contrário da mediocridade, que nivela, e da sentimentalidade, que eufemiza, existe na vulgaridade uma vontade de ferir, de chocar, de fazer com que sejam ouvidas as pulsões ocultas, sujas, ignóbeis. É claro que há uma função erótica na vulgaridade, que faz retornar em favor da carne a maldição pronunciada contra ela, que encontra prazer na humilhação do alto pelo baixo, que libera a fantasia sem freio e goza deliciosamente em meio a essa humilhação. Bem sabemos como é perturbadora em certas pessoas a coexistência da boa educação e da impetuosidade, da pureza angelical de fachada e do cinismo de fato, como se a cortesia, a própria timidez fizessem emergir um fundo de bestialidade movediça. Da mesma maneira que existe toda uma estética do *kitsch*, de Clovis Trouille* a Jeff Koons (o ex-marido da Cicciolina), passando por Almodovar e os Deschiens**, toda uma cultura idiota e sem valor que usa e abusa do mau gosto para virar a imbecilidade oficial contra si mesma (como certos filmes sangrentos ou pornográficos que abusam da nudez, do sangue, do corpo, como posta de carne, para chocar o espectador). Sem

* Clovis Trouille: pintor francês (1889-1975); suas telas, de um erotismo insolente, anticlericais e antimilitaristas, valeram-lhe a antipatia da crítica e da burguesia da época. (N.T.)

** *La Famille Deschiens*, comédia burlesca de Jérôme Deschamps. (N.T.)

esquecer a *Front de Libération des Nains de Jardin* (Frente de Libertação dos Anões de Jardim), que devolve à floresta, seu meio natural, os pequenos gnomos de gesso indevidamente seqüestrados por seus proprietários. Enfim, para lutar contra a parvoíce burguesa, Bouvard e Pécuchet não acharam nada melhor do que recopiá-la linha por linha, por vingança. É esta a vertigem flaubertiana diante da bobagem, a forma moderna do infinito: para destruir o imbecil feliz, é preciso tornar-se um imbecil, mas infeliz.

Esse exagero de vulgaridade salvadora, supostamente encarregado de nos purificar da lama social, é uma matéria explosiva que, por sua vez, corre o risco de contaminar seus utilizadores. O mau gosto é um sacerdócio não desprovido de perigo; e assim como os amantes podem cair a qualquer instante no realismo de rotina, isto é, no ridículo, é ínfima a fronteira entre a vulgaridade subversiva e a vulgaridade compassiva, que traz de volta o que se esperava que contestasse. (E da mesma maneira que a repetição do clichê, tal como foi executada por Warhol ou pela *pop art*, é freqüentemente uma outra forma de amplificá-la ou inocentá-la.)

Existe vulgaridade como existe idiotice: para desalojá-las, é preciso primeiro reconhecê-las em si, admitir sua turva sedução, não rejeitá-las no outro. Elas mostram também nossa atração pela imitação, pelo falsificado, pelo engodo, todos os falsos que se fazem passar pelo verdadeiro e terminam por corromper este último (como a multidão de falsas louras nos faz duvidar que existam as verdadeiras, mas nos obriga a procurar a verdadeira falsa loura). A única vulgaridade intolerável é a que não se reconhece, que se disfarça sob falsos brilhos de elegância e bom-tom e estigmatiza a grosseria nos outros. Pois a vida cotidiana é sempre *kitsch*, está sempre atrelada à barafunda dos sonhos irrelevantes, à universal insignificância. *Eis por que a felicidade de uns é sempre o* kitsch *de outros*; assim que um modo de vida é adotado pela classe média, é imediatamente abandonado pela classe superior. Há, pois, uma boa utilidade para a vulgaridade, a de agir como higiene do espírito contra a obscenidade do mundo, como um detergente para minimizar a verborragia, a de reintroduzir os lugares-comuns para deles extrair novas fontes de assombro, de estranheza; mas também é uma armadilha que pode matar. Essa "grandeza negativa" da democracia é ao mesmo tempo sorte e maldição: garante a mobilidade das formas e dos destinos, mas estende sobre todas as coisas o império do ordinário e da falsificação. A luta contra ela não tem fim: ela se recria à medida que a afrontamos, gangrena os que se crêem imunizados e, quanto mais a subestimamos, mais ela reina. Não existe, pois, remição, evasão possível na alta cultura, nas belas-artes, nos restritos círculos da qualidade, o puro estetismo onde se refugiam de boa vontade as paixões elitistas de nossa época. Já está tudo inteiramente comprometido: estamos condenados a viver na vulgaridade, a combatê-la e a amá-la, a utilizá-la como a espada que nos protege e nos mata. É preciso construir uma barreira contra a *merda*, dizia Flaubert vociferando contra o mau gosto do Segundo Império. Projeto que não perde a atualidade. Com a condição de admitirmos que essa *merda* nos atrai e que nos chega até o pescoço.

*UMA VIDA INTEIRA TOTALMENTE PERDIDA**

"Uma vida vitoriosa", dizia Vigny, "é um sonho de adolescente realizado na idade madura." Os gregos a viam mais como uma vida refletida, dedicada ao exercício do pensamento, uma vida que se realiza por meio de fins mais vastos e que pode servir de exemplo para todos. De nossa parte, diríamos que uma vida vitoriosa é uma vida cuja riqueza nem precisa ser mencionada, pois se impõe pela evidência de sua realização, e que não desejaríamos trocar — por mais modesta que seja — por nenhuma outra, porque nos pertence exclusivamente.

Mas, se os destinos não são todos equivalentes, é obrigatório deduzir que alguns não valem nada, que temos que banir os que não correspondem aos nossos critérios? Pois os balanços são sinistros, mesmo os positivos, já que ordenam que adotemos o ponto de vista da morte: é ela que saldará as contas e fará de nós objeto do julgamento do outro. "Um homem só pode se dizer feliz nos últimos instantes de sua vida", dizia Solon. Mas enquanto ainda respiramos é injusto nos submetermos à alternativa da vitória ou da derrota. Como Cristóvão Colombo, que errou o caminho das Índias para descobrir a América, nós não paramos de "errar de caminho" na vida e alcançar outra coisa, numa aventura singular que jamais se imobiliza até o último minuto.

É por qualquer vida ser uma causa perdida que a vida pode ser ao mesmo tempo boa e nobre, uma liga indissolúvel de glória e malogro. Não sendo necessária, não tem nenhuma necessidade de vencer ou fracassar, pode se contentar em ser agradável. Em muitos fracassos mundanos reside uma grandeza, uma bondade inconfessada, ao passo que admiráveis carreiras carregam consigo só frieza e desolação. Nossas certezas nesta matéria são negativas: eu não sei o que é uma vida boa, sei o que é uma vida ruim, a que não quero por nenhum preço. Não me diga o que deve ser

* Pierre Autin-Grenier, *Toute une vie bien ratée*, Folio, Gallimard, 1997.

uma existência vitoriosa, me conte a sua, me conte a transfiguração de seus fracassos em um projeto que faça sentido para todos. Se não podemos nos impedir de formular a questão, precisamos nos impedir de respondê-la, por medo de fechar o leque, de esterilizar as possibilidades.

Conhecemos pessoas cobertas de honrarias e medalhas e que sentem essas condecorações como se as levassem antecipadamente ao túmulo; estão catalogadas para sempre. Evitemos concluir, deixemos a cada um a possibilidade de cair, de se levantar, de se perder sem encarcerar ninguém num julgamento. Há uma verdade na teoria da reencarnação: é aqui embaixo mesmo que podemos conhecer as diversas existências, renascer, recomeçar, bifurcar. O essencial é poder dizer: eu vivi, e não: eu vegetei. Nunca somos salvos nem danados; e morreremos todos "em algum ponto do inacabado" (Rainer Maria Rilke).

Capítulo IX

SE O DINHEIRO NÃO TRAZ FELICIDADE, DEVOLVA-O*

OS RICOS SÃO O MODELO DA FELICIDADE?

Em uma passagem brilhante da *Recherche*, Proust descreve a sala de jantar do Grande Hotel de Balbec "como um imenso e maravilhoso aquário diante de cuja parede de vidro a população operária de Balbec, os pescadores e também as famílias de pequeno-burgueses, invisíveis na sombra, esmagavam-se contra a vidraça para observar, oscilando lentamente em turbilhões de ouro, a vida luxuosa daquela gente, tão extraordinária para os pobres quanto a de peixes ou moluscos estranhos (uma grande questão social, saber se a parede de vidro protegerá para sempre o festim dos animais maravilhosos e se essa gente obscura que olha avidamente no meio da noite não virá arrancá-los de seu aquário e comê-los)"[1].

Quem não presenciou cenas como essa em certas estações balneárias da Europa, onde se vêem pessoas de férias se

* Jules Renard.

[1] Marcel Proust, *À l'ombre des jeunes filles en fleurs*, Pléiade, Gallimard, tomo I, pp. 680-1.

amontoando em volta dos iates e devorando com os olhos os milionários de calção tomando drinque numa descontração maravilhosa? É que a riqueza é antes de tudo um espetáculo a ser exibido, que regala os olhos, aguça os apetites, alimenta o rancor. Como se os ricos também tivessem necessidade de ser reconhecidos pelos que não têm nada e devessem se apossar de tudo, mesmo das aparências do plebiscito.

Durante muito tempo as castas superiores de nossas sociedades encarnaram a aliança do *savoir-vivre*, da beleza e das boas maneiras; não estavam apenas liberadas da necessidade, elas elevavam a espécie humana a um grau de refinamento e de extravagância jamais imaginados. Paralelamente a esta imagem, um outro clichê impôs-se: o da infelicidade dos Grandes. Os ricos se entediariam: forçados à inércia, viam-se entregues ao vazio e não sabiam como matar o tempo que passavam à procura inquieta de novas volúpias. Ao expiar por meio do desgosto a escandalosa fortuna, seriam ao mesmo tempo infelizes e culpados: infelizes por sua desocupação, culpados por viver como parasitas de uma população que trabalha e sofre. A ociosidade, que deveria ser seu orgulho — só os plebeus são condenados à punição da labuta —, tornar-se-ia sua maldição. Esses "reis sem divertimento" morreriam docemente de inanição em meio aos ouros e aos faustos. Clichê prático, confessemos: permite aos despossuídos suportar sua condição, pois a de seus mestres é infinitamente mais penosa. Inútil invejá-los ou derrubá-los: eles já estão no inferno!

Nossa época pôs um ponto final nessa dupla fábula. Por um lado, os ricos não são infelizes — se o são, não é por causa de sua conta bancária — e menos ainda arrependidos. Alguém já viu um milionário pedir perdão de joelhos no telejornal das 20 horas? Por outro lado, o tédio, ignorando as barreiras de classe, estendeu-se amplamente hoje em dia ao universo do trabalho, e o fato de se ser ativo, ao contrário, não previne ninguém do bocejo. A este respeito, uma das perversões do desemprego talvez seja a de ter concedido ao trabalho, mesmo o mais imbecilizante, a aura que havia perdido nos anos de prosperidade. Obcecadas pelo pleno emprego, nossas sociedades querem ocupar as pessoas a qualquer preço e celebram a escravidão salarial sem se interrogar sobre a qualidade dessa ocupação. A tal ponto, que o excesso de trabalho tornou-se um sinal ostentatório de poder; e, enquanto as classes trabalhadoras aspiram à ociosidade, as classes ditas ociosas tornam-se trabalhadoras, exibem semanas de 60 a 80 horas e alardeiam sua estafa como índice de superioridade.

Enquanto esteve repartido entre muito poucas mãos, o dinheiro parecia encarnar todas as maravilhas do mundo. A extensão do conforto e do bem-estar à maioria suplantou ao mesmo tempo a miséria e a grande fortuna. A possibilidade aberta a qualquer um de enriquecer ou pelo menos conhecer a abastança acelerou imediatamente a inveja e banalizou um universo que parecia antes tão prodigioso. O rico é um pobre que teve sucesso, sobretudo quando se vêem tantos jovens se tornar, graças às novas tecnologias, milionários aos 30 anos[1]. Continuamos a observar a vida dos poderosos; mas passamos a duvidar de que a felicidade tenha estabelecido residência exclusivamente na casa deles. Podemos admirar sua tenacidade, sua

---

1 É o fenômeno dos *million dollar babies*. A Grã-Bretanha tinha 7.000 milionários no começo dos anos 90, terá 14.000 no início do século XXI (*Courrier International*, de outubro de 1999). Estariam nascendo por dia, segundo um autor americano, 64 novos milionários no Vale do Silício (David A. Kaplan, *Silicon boys and their valley of dreams*, William Morrow Company, Nova York, 1999). Na França, segundo *Le Nouvel Economiste*, 33 novos multimilionários teriam surgido em 1999.

audácia empreendedora, a idéia de gênio que os impeliu da obscuridade à luz, seu apetite de conquistas, seu senso de oportunidade. Mas não é junto a eles que pretendemos extrair a substância de nossas aspirações. Quem por acaso sonha com o patronato francês ou americano, com a vida de um dirigente de empresa cuja existência parece tão animada quanto a de qualquer burocrata sem importância? Vidas metódicas, condizentes, tão conjugais e familiares que nada têm para ser invejadas em relação a de qualquer empregado: eles são menos figuras resplandecentes do que pequeno-burgueses dotados de grandes posses, em outras palavras, são *tubarões mansinhos*.

Existe uma outra razão para que o "festim dos animais maravilhosos" evocado por Proust já não nos faça salivar: é que as pessoas se tornam ricas para ficar entre si, entrar para um clube fechado onde se enfrentam a golpes de símbolos, de troféus. O primeiro gesto dos opulentos não é se cercar de múltiplos servidores, interpor entre o mundo e eles um enxame de intermediários? Duplo princípio de visibilidade e de segregação. Submetidos por sua posição a códigos e a um rigor moral, mantêm com as tradições uma relação de fidelidade que em outros lugares distendeu-se. Todo acesso ao topo da pirâmide, exceto para alguns excêntricos, engendra no mais das vezes disciplina e conformismo: o gotha* é condenado ao gueto[1]. Sem contar o medo de só serem amados por causa da conta bancária e de se tornar vítima dos *gold-diggers*, os caçadores de ouro, homens ou mulheres especializa-

* Almanaque de Gotha, anuário genealógico, diplomático e estatístico publicado desde 1763. (N.T.)

[1] Segundo a pertinente análise feita por Michel e Monique Pinçon-Charlot sobre a burguesia tradicional do Oeste de Paris, *in Dans les beaux quartiers*, 1989.

dos na caça aos milionários, que se casam com eles para melhor depená-los depois, por meio de um rumoroso divórcio. Por esta razão os locais de residência de nababos, por mais fantásticos que sejam, parecem-se com infernos dourados, sobretudo quando precisam, como na América Latina, viver cercados de barricadas em suas fortalezas, por medo de agressões ou de seqüestros. Sempre faltarão para eles a permeabilidade e a abertura que caracterizam os espaços de criação e de prazer. O que os ricos sentem como um imperativo, enclausurar-se em seus bairros residenciais, não se relacionar com qualquer um, fechar a porta para o inesperado, parece-nos o cúmulo do aborrecimento. *O mundo do capital é triste* porque não é o mundo das trocas, mas o do fechamento e do autismo. Como se o dinheiro, tal qual uma divindade insaciável, devesse circular dia e noite somente para melhor imobilizar e tornar rígidos os que o possuem.

Existem hoje ambientes interessantes, mas talvez seja preciso procurá-los nas margens, em minorias contagiosas antigamente banidas que, por sua cultura, sua música, dão o tom para a maioria. Há um bovarismo na classe média que a estimula a procurar em outros lugares, às vezes na fronteira da legalidade, a emoção que não encontra mais em seu próprio espelho. A força do marginal é seu exotismo, que faz dele um ser ao mesmo tempo perigoso e atraente: por sua maneira de transgredir as regras, escapa à uniformidade reinante. É regra geral que uma sociedade é tanto mais dinâmica quanto mais inventa estilos de vida que escapam à atração dos mais afortunados. E os grandes períodos de emancipação do século XX na França foram momentos nos quais a felicidade oficial, ou seja, o conformismo corrente, foi desvalorizada em proveito de outras fórmulas de viver em coletividade.

O PREFERÍVEL E O DETESTÁVEL

Sem querer entrar em um debate que não cabe aqui, digamos que o dinheiro faz parte das "imoralidades necessárias" a uma sociedade, contanto que seu reinado seja refreado e controlado. Pois é ele que mata todas as hierarquias ligadas ao nascimento, ao *status* social, com exceção de uma, insuperável: a hierarquia do dinheiro. Desconfiemos de imediato de qualquer um que alardeie desprezo pelo veado de ouro: estejam certos que o adora no fundo do coração ou apenas sonha em privar dele os outros. O dinheiro — é sua vantagem — continua sendo um meio de preservar a liberdade individual, de "desinfetar as relações sociais de qualquer aderência afetiva" (Philippe Simonnot), de alcançar uma certa autonomia. Permitiu e permite ainda aos povos perseguidos sobreviver na dispersão, no exílio, ser a pátria portátil dos que não têm pátria. Enfim, como escreveu Spengler, "uma civilização altamente evoluída é inseparável do luxo e da fortuna", e este foi o papel magnífico dos grandes mecenas, dos Médicis aos Rothschilds, aos Camondos, aos Pereires, transformar o vil metal em obras de arte, isto é, em uma forma de beleza e generosidade. Nada de mais feio, de mais distorcido do que o elogio da pobreza feito por alguns doutrinadores cristãos, como se ela fosse por si só dotada de virtude superior. A pobreza é odiosa por acumular privações e humilhações, por reforçar o sofrimento com a vergonha. Em todas as circunstâncias, o dinheiro deve ser classificado entre os "preferíveis" (Sêneca), e temos permissão para dispor dele caso o destino nos coloque na situação de possuí-lo.

FITZGERALD OU A SALVAÇÃO PELOS RICOS

O *jazz*, o gim, Hollywood, a Côte d'Azur, as festas surpresa, a beleza, o espírito, a juventude; e depois o alcoolismo, a loucura, a miséria, o fracasso, a mendicância, as doenças nervosas. A obra inteira de Scott Fitzgerald oscila entre estes dois extremos segundo uma propensão que fascina por seu lado inexorável. É que seu drama está inscrito desde o começo em uma crença tão louca quanto implacável: os ricos são eleitos por Deus e formam no interior da Humanidade uma casta de luz da qual ninguém se aproxima sem correr perigo. Em Fitzgerald, a decadência é contemporânea do sonho de glória: a felicidade é um tesouro guardado por uma porta pesada que todos desejam entreabrir. Mas ninguém consegue se não for bem-nascido; e a queda é ainda mais radical porque os intrusos acreditaram ter se infiltrado na cidadela. Mesmo o amor, sobretudo o amor, constitui a ilusão por excelência dos que querem transgredir a ordem rigorosa das classes. E nisso a beleza feminina é uma promessa ambígua. A herdeira encantadora, a que vai lhe deixar passar, se você a seduzir, do Reino das Trevas para o Paraíso, é também a primeira a expulsar o suspiroso de modesta extração e a remetê-lo de volta a suas origens. A bela mulher da voz *full of money*, sobre a qual ele escreve: "Suas maneiras revelavam com uma segurança atroz que as belas coisas deste mundo lhe pertenciam em virtude de um direito natural e inalienável." Este é o paradigma de um universo que não tolera nenhuma *mésalliance*, no qual todos os Gatsbys do mundo recebem os agradecimentos depois de divertir a galeria. A conclusão é inapelável: "Os moços pobres não devem sonhar em se casar com as meninas ricas." Tão logo se tiram "as pessoas do seu meio, elas têm a cabeça virada, seja qual for o blefe que exibiram".

Uma vez que, para Fitzgerald, o dinheiro é um talismã divino e as barreiras sociais verdadeiras barreiras metafísicas, o pobre, culpado pelo simples fato de sê-lo, deve ser punido por sua temeridade, por ter até mesmo ousado ascender socialmente. O desastre anunciado é retumbante e vem acompanhado pela derrocada, debaixo da zombaria dos afortunados. A tragédia de Fitzgerald, sua "rachadura", reside inteiramente na teimosa e pueril crença no dinheiro como sinal de eleição, uma visão tão romanesca quanto a de Calvino, que separa os predestinados dos perdedores. A miséria é uma punição, e a breve felicidade dos pobres uma usurpação, uma vez que somente os ricos têm o direito exclusivo de propriedade sobre o prazer e a volúpia. No que o mal-entendido amoroso em Fitzgerald não estaria relacionado a uma lógica passional ou sentimental, mas socioeconômica. E o expulso, em meio à desgraça, não tem outra escolha, diante dos milionários e suas montanhas de diamantes, senão afogar sua vergonha em álcool.

A obra inteira de Fitzgerald é uma magnífica alegoria do *american way of life*, de seu culto frenético da nota verde, dos anos 20 e da Grande Depressão. Mas os discípulos modernos de Fitzgerald, fascinados tanto quanto ele pelo poderio dos ricos, provam-nos que esta mentalidade ainda está viva. Se do outro lado do Atlântico a classe média, como temem alguns, viesse a ser destroçada, deixando face a face a massa de opulentos e de deserdados, aí a América do século XXI e talvez a Europa pudessem se parecer com o universo romanesco de Fitzgerald: um mundo impregnado pela teologia glacial do dólar, a chancela divina que separa os eleitos dos reprovados.

O dinheiro não desagrada a seus detratores, e sua indecência não reside no fato de existir, mas na sua raridade, na confiscação insolente por uns poucos; ele é aquilo que falta para quase todo mundo, e o problema principal reside na sua desigual repartição. (Um pressentimento desagradável nos adverte que a pobreza nos países desenvolvidos talvez nunca seja vencida simplesmente porque os ricos não precisam mais dos pobres para enriquecer. A relação de inovação e prospecção nos territórios lucrativos da "nova economia" sucedeu a relação de subordinação, que fazia do trabalho do operário a condição da fortuna do patrão. A infelicidade pior ainda de não ser mais explorável sucedeu a infelicidade de ser explorado.) É preciso, pois, retornar aos Antigos e admitir como Aristóteles que a beleza, a riqueza, a saúde são também acessórios úteis para uma vida boa, mesmo que não se confundam com ela. "Ninguém condenou a sabedoria à pobreza, dizia ainda Sêneca. (...) Mesmo não tendo senão desprezo pela dominação da riqueza, se eu puder escolher, pegarei o que ela me oferecer de melhor." Mesmo que o vil metal seja uma meretriz universal que transforma tudo em mercadoria, inclusive a pessoa humana, mesmo que seja preciso estar sempre se lembrando da existência de valores, de sentimentos que não se compram, "a utopia de um mundo sem dinheiro faz parte dos ideais de que o mundo tem realmente necessidade, mas é perigoso transformar em base e princípio da ordem social" (Leszek Kolakowski). É preciso mencionar que os maiores massacres do fim do século XX, Argélia, Ruanda, Timor, Bósnia, Kosovo, Chechênia, foram menos ligados a questões econômico-financeiras do que a fanatismos religiosos, raciais, de identidade, imperiais?

UMA VIRTUALIDADE SEM LIMITES

Isto posto, é preciso confessar um desconforto fundamental: impossível desprezar o dinheiro, impossível venerá-lo. Ele tem em comum com a felicidade o fato de serem duas abstrações e de representarem potencialmente a totalidade dos prazeres possíveis. Com ele eu possuo virtualmente as coisas sem que elas me atrapalhem com sua materialidade.

Ao que é preciso acrescentar a felicidade de se ganhar dinheiro, freqüentemente superior à de poder utilizá-lo e que é a felicidade do curto-circuito: fazer um bom pé-de-meia queimando etapas. Ganhar a vida é um fardo, enriquecer depressa um jogo bastante próximo da fúria erótica. Mas a inconveniência do dinheiro é que ele se oferece como um modo de vida em si, um substituto de todas as bem-aventuranças. Tão logo se vê elevado à categoria de ídolo, de fim absoluto, torna-se de tal modo desejável, que transforma todo o resto em indesejável. Sua força e sua tragédia são a eliminação dos obstáculos: ele os pulveriza, torna todos os objetivos acessíveis imediatamente, mas essa onipotência acaba resultando em indiferença. Por querermos tudo alcançar, agarramos somente o vento, entramos numa frustração paradoxal na qual não temos permissão de tirar prazer do que quer que seja.

Conhecemos figuras caricatas, como o abastado que não tem mais tempo de gastar o que acumula, o próspero que está tão rico, que se entedia com o mundo e sofre de escassez de prazer em meio à abundância. Chegam quase a desejar algum revés para poder recomeçar do zero, reiniciar a palpitante odisséia da ascensão social. São pessoas que, como se diz, têm tudo para ser felizes mas não são. Como têm tudo, já não têm nada, seu desejo se dispersa em vez de se fixar, sempre atraído, sempre decepcionado por uma outra miragem. Já não tendo a possibilidade de vencer, resta-lhes a de fracassar, de mergulhar no abismo, como essas grandes dinastias de tal maneira favorecidas, que atraem sobre elas desgraças e cataclismos. O dinheiro ilustra maravilhosamente o seguinte paradoxo: *todos os procedimentos adotados para alcançar a felicidade podem também fazê-la escapar*. É por isso que o gosto pelo lucro até o delírio tornou-se, pelo menos nos Estados Unidos, uma paixão coletiva: "A mais laboriosa das épocas, a nossa, não sabe o que fazer do seu trabalho, do seu dinheiro, a não ser mais trabalho e mais dinheiro." (Nietzsche)

Uma linha muito tênue, imperceptível, separa o dinheiro como fim e como meio em nossas sociedades; e é da inteira competência do consumismo e da publicidade confundir permanentemente esta linha. Entra-se, então, pelo menos os mais endinheirados, na esfera do "consumo ostentatório", segundo a expressão que o sociólogo americano Thorstein Veblen deu antes da Primeira Guerra Mundial aos costumes da alta burguesia, a dos Rockefellers, dos Vanderbilts. Mansões, iates, belos automóveis, grandes apartamentos: dedicavam-se a rivalizar com outras pessoas de seu nível para ofuscá-las ou pelo menos igualá-las, ou seja, sentir as pontadas da inveja em relação a qualquer um que tivesse mais sucesso e desdenhar aqueles cujo padrão de vida não chegasse a alcançar o seu. Quando um presidente de empresa embolsa um montante duas mil vezes maior do que o salário de seus empregados, não está exibindo sua competência, seus méritos, mas uma genuína vontade de poderio refletida em sua "remuneração". Sua alegria decorre, pois, de se apoderar de tudo de que os outros são privados e de impressionar os pares. A desgraça dessas contendas é que sempre se acha alguém mais opulento que você, existe sempre um magnata cujo brilho ofusca o seu, que se encontra à frente na classificação da *Forbes* ou da *Fortune* e cujo volume pecuniário lhe faz comer poeira. A frustração cresce ao mesmo tempo que a conta bancária, e você se regala menos com seus ganhos do que vendo os dos outros aumentar mais rápido. Pois nesses casos é preciso distinguir os ricos dos super-ricos e dos ultra-ricos, que não pertencem às mesmas categorias. Disso decorre a assustadora frieza dos homens de dinheiro quando não o colocam a serviço de uma causa, de uma idéia ou da arte, e dão a impressão de ter falhado em todos os objetivos da vida.

UMA NOVA MORAL DA FRUGALIDADE?

Definitivamente, são raros os momentos na vida em que o dinheiro volta à sua fluidez de puro intermediário, quando dispomos de uma suficiente liquidez para gastar sem cálculos, sem preocupação com o dia seguinte. *Ele acompanha a alegria de viver quando o esquecemos, quando desaparece enquanto dinheiro propriamente dito,* e não proíbe a posse equilibrada nem a livre vagabundagem do espírito. Não depender do dinheiro é saber que não se viveria diferentemente mesmo que se tivesse muito mais. Entretanto, a maior parte do tempo todo mundo conta o dinheiro, inclusive os nababos (a avareza dos ricos, o medo que possa vir a faltar em meio ao supérfluo é um sintoma impressionante: como Paul Getty, milionário californiano do petróleo, que instalou em sua casa de Londres um telefone pago para os hóspedes e nunca saía primeiro de uma reunião para não ter que pagar o táxi). Na maior parte do tempo, para a maior parte das pessoas, o dinheiro é comparável à droga: supostamente encarregado de nos libertar de todas as preocupações, vira preocupação obsessiva, sua presença nos perturba, impede-nos de manter com ele uma relação justa. O apetite que desperta impõe-se com tamanha intransigência, que torna o prazer difícil, até mesmo impossível. É o que William Burroughs dizia ter aprendido na escola da morfina: um desejo insaciável torna a volúpia inacessível. O dinheiro se transforma em uma paixão triste quando suplanta todas as outras e vira uma idéia fixa. E a loucura provocada por ele, a que assistimos em certas formas de especulação, está ligada ao romantismo das grandes cifras: num universo onde tudo se calcula praticamente no nível dos centavos, o prazer passa a ser então desafiar o cálculo, pela enormidade dos fluxos em jogo. Chega o momento em que a computação desenfreada vira gratuidade, inutilidade absoluta. A sede de lucro é abandonada, dançamos na beira dos abismos, inebriamo-nos com a poesia dos números, e a própria Bolsa se transforma num templo de exuberância matemática. Como a Web, o dinheiro é uma galáxia em expansão constante, onde nunca se termina de descobrir novos planetas, é um decalque do cosmos.

Dito de outra forma, se ninguém pode se vangloriar de se sentir à vontade em relação ao dinheiro, é *porque não existe certeza sobre ele* e porque ele trabalha a nosso favor tanto quanto contra nós. É preciso, pois, apenas reabilitá-lo — sobretudo num país como a França, onde a hipocrisia a seu respeito e o ódio ao sucesso profissional continuam a vicejar — para melhor nos proteger das armadilhas que ele nos prepara. Do outro lado do Atlântico, por exemplo, num contexto de crescimento das riquezas e das desigualdades[1] estão florescendo novas morais de frugalidade, que recusam a instituição

[1] Segundo uma pesquisa americana, as diferenças de renda vêm crescendo nos Estados Unidos há vinte anos. No topo, um em cada dez americanos viu seus rendimentos aumentarem em 115% desde 1977 e, na parte mais baixa da escala, um em cada dez os viu diminuírem no mesmo período. A classe média teve seu capital aumentado em apenas 8% (*International Herald Tribune*, de 6 de setembro de 1999). O desaparecimento desta classe, pouco a pouco proletarizada, estaria indicando seguramente o fim do regime democrático, do qual ela é o sustentáculo e a vitória de um capitalismo selvagem desprovido de qualquer contrapeso.

do crédito, a lealdade profissional, a obsessão da herança, tudo em nome de uma gestão racional das necessidades[1]. Simples efeito midiático, contrição provisória antes de partir novamente e com mais entusiasmo para novas orgias de aquisições e de consumo? Pode ser. Mas é sintomático que esteja nascendo no coração do sistema financeiro a dúvida quanto a sua legitimidade e a apologia de uma existência espiritualmente mais rica, menos subserviente à lógica dos objetos, à cobiça artificial. A verdadeira questão é a seguinte: que preço estamos dispostos a pagar para ter dinheiro, que lugar desejamos lhe conceder? Se não quisermos, como diziam os Antigos, ser possuídos pelo que possuímos, é melhor limitar nossas despesas, se isto nos permitir satisfazer as paixões e aumentar a parte de vida verdadeiramente amorosa e espiritual, do que nos endividar infinitamente.

Mas é preciso sobretudo restabelecer hierarquias e contrapor à moeda sonante outras fontes de riquezas culturais, estéticas, espirituais. Até o desejo de glória e grandeza, e até a vaidade são às vezes preferíveis à obsessão do ganho, às medíocres imposições que ele supõe. E a força dos grandes movimentos do século passado na França, inclusive em 1936 e 1945, foi não somente ter distribuído o bolo social, mas

[1] Como no provocante livro de Stephen Pollan e Michael Levine, *Die Broke*, Harper Business, 1997. O autor, analista financeiro, enuncia assim as recomendações para uma boa gestão no século XXI: rasgue seus cartões de crédito e pague em dinheiro, demita-se mentalmente de seu emprego desde o primeiro dia de trabalho; nunca se aposente e principalmente morra teso, distribua seus bens entre os filhos enquanto são jovens e precisam dele. E faça um cheque sem fundos para a casa funerária para seu enterro... Emanando de um guru dos investimentos, uma obra como esta marca bem o desencanto de uma parte da classe média americana com a política de enxugamento sistemático das empresas e pretende traduzir uma espécie de deserção interna *vis-à-vis* os postulados do sistema.

também ter criado novas opulências para a maioria: o tempo livre, a poesia, o amor, a liberação do desejo, o sentido da transfiguração cotidiana. Não se contentar em gerar a penúria, mas descobrir em toda parte bens não-contabilizáveis que escapem à regra do lucro, prolongando o velho sonho revolucionário do luxo para todos, da beleza oferecida aos mais humildes. O luxo hoje em dia reside em tudo que se tornou raro: a comunhão com a natureza, o silêncio, a meditação, a paciência reencontrada, o prazer de viver fora do tempo, a ociosidade estudiosa, o gosto pelas obras importantes do espírito, privilégios que não se compram porque, literalmente, não podem ter um preço estipulado. Assim, a uma pobreza imposta, pode-se opor um empobrecimento escolhido (ou melhor, uma auto-restrição voluntária), que não é de forma alguma a opção da indigência, mas a redefinição das prioridades pessoais. Despojar-se talvez, preferir a liberdade ao conforto, a um *status* social arbitrário, mas em troca ter uma vida mais completa e retornar ao essencial, em vez de acumular dinheiro e objetos, obstáculos irrisórios contra a angústia da morte. O verdadeiro luxo, afinal de contas — "mas tudo que é precioso é tão difícil quanto raro" (Spinoza) —, é a invenção da própria vida, é o poder sobre o próprio destino.

A QUEDA DAS ESTRELAS

Por que escrutamos com uma curiosidade doentia as ligações, os rompimentos, os lutos dos que são chamados de "estrelas"? É que esses seres fora do comum, aos quais basta aparecerem para ser e que são reconhecidos mesmo que não sejam conhecidos, seres para os quais não existe nenhum tabu, nenhum excesso, só são venerados para em seguida ser trazidos de volta ao nível comum. Concentrando sobre eles a mais vasta quantidade de desejo social, teriam por função arrancar-nos do império da monotonia; mas eles só o abalam para melhor o confirmar. Mas as revistas sentimentais talvez só existam para tranqüilizar os leitores, certificá-los da idéias de que príncipes, artistas de cinema e dos espetáculos são as encarnações ambivalentes da felicidade, do ideal que eles lutam para realizar. É por isso que nos deleitamos amargamente por vê-los sofrendo dos mesmos males que nós.

Esses *happy few* incumbidos de sublimar nosso destino, de nos arrancar de nossas preocupações ridículas, de nossas infelicidades insignificantes provam-nos que nenhuma casta ou classe superior conhece a bem-aventurança, apanágio único dos deuses, já dizia Aristóteles, ao passo que "os homens são felizes tanto quanto um mortal pode sê-lo". E que, enfim, uma secretária pode ter a vida tumultuosa e agitada de uma princesa e uma princesa levar uma existência regrada e familiar de uma dona de casa. É este o processo democrático: as orgias e os excessos libertinos dos antigos monarcas passaram a ser acessíveis a qualquer um. Por meio das indiscrições da mídia, verificamos com alívio e tristeza que essa gente não é de uma essência diferente da nossa: e, assim, essa mesma mídia constitui também *máquinas de frear a inveja* e desempenha, por trás de sua futilidade, um papel essencial. Em seu panteão cintilante, talvez a estrela escape ao anonimato, mas sucumba exatamente como nós ao desespero, à solidão, à idade (o desaparecimento progressivo da beleza em atrizes deslumbrantes é uma figura de retórica obrigatória de certa imprensa, que a registra com um triste sadismo). Nós elegemos as estrelas, assim como os políticos, e os apagamos com a mesma indiferença, a mesma versatilidade. Nosso apetite de fofocas, de detalhes não tem origem, como se disse, na alienação ou na privação. O culto da celebridade alimenta-se direta e contraditoriamente do progresso da igualdade democrática.

QUARTA PARTE

A infelicidade está fora da lei?

Capítulo X

O CRIME DE SOFRER

"Ajude-me a suprimir a dor que me faz sofrer, mas deixe-a para que eu possa existir."

Uma paciente a seu terapeuta. *Revue française de psychosomatique*, nº 15

Em um romance publicado em 1872, Samuel Butler imagina um lugarejo chamado Erhewon (anagrama inglês de *nowhere*), a região do lugar nenhum, onde a doença é punida como um crime, o menor resfriado pode valer a cadeia, enquanto o assassinato é considerado uma doença que merece solicitude e cuidados. Com agudo senso de premonição, Samuel Butler chega até a precisar que o luto e o desespero, no caso de perda de um ente querido, são punidos como delito grave, e o atormentado é considerado não menos do que um delinqüente culpado por seu sofrimento. A um homem acusado de tísica pulmonar, o juiz explica a sentença que pronuncia nestes termos: "O senhor poderá me dizer que não é responsável por seu nascimento nem por sua educação. Mas eu lhe responderei que sua tísica, tenha ou não decorrido de uma falta sua, é uma falta no senhor, sendo meu dever velar para que a república seja protegida contra faltas desta natureza. O senhor poderá argumentar que é por infortúnio que é um criminoso; eu lhe replicarei que seu crime é ser desafortunado."

Soberba e irônica intuição que a segunda metade do século XX confirmou ao dar, mais do que qualquer outro período, um gigantesco passo em direção à negação da infelicidade e à "proibição da morte" (Philippe Ariès). Como se a época inteira tivesse desejado dar razão ao filósofo Alain, incansável cantador do otimismo da III República, que em seus *Propos sur le bonheur* (1911-1923), já citados, nega qualquer realidade aos sofrimentos extremos. Como para Epicuro, eles não existem, são impalpáveis, "o horror é soporífero", e a morte, quando abate, é instantânea, não deixando espaço nenhum para a imaginação, para o medo. Nesta escamoteação, chega até a sustentar sem ironia que um homem que está indo para a guilhotina "não merece mais piedade do que eu"; basta-lhe pensar em outra coisa, "contar os solavancos ou as curvas". Quanto a Pascal, seu *frisson* diante das estrelas e do infinito "era devido provavelmente ao frio que entrava pela janela sem que ele percebesse" (*sic*).

A PROPAGAÇÃO DO DETRITO

Desde que nossas sociedades, a partir do Iluminismo, fixaram para elas a tarefa de instaurar a felicidade sobre a terra, evoluímos no aspecto da catalogação, contabilizamos a lista sem fim das infelicidades a serem erradicadas. Mas os sofrimentos, como a mítica Hidra de Lerna, não param de renascer e se multiplicar à medida que os cercamos, e a lista deles se alonga a cada dia de uma forma maligna, adiando para bem longe a felicidade prometida. Durante muito tempo o movimento revolucionário dedicou-se a qualificar de fúteis as preocupações ligadas à angústia da morte e da solidão, e não mostrou senão desdém pelas doutrinas que ousavam tocar neste assunto. Só tinham importância a derrubada das estruturas socioeconômicas e a tomada do poder pelos explorados. Uma vez derrubado o capitalismo e, com ele, a fonte de todas as iniqüidades, um novo mundo iria se instaurar pouco a pouco, como a água de uma praia na maré baixa. Este bonito cálculo, sabemos, desfez-se: não somente o socialismo real multiplicou os infortúnios em toda parte onde se impôs, como também deixou em suspenso todos os problemas inerentes à condição humana, que ele qualificava de "pequeno-burgueses".

Contudo, a respeito deste mesmo assunto, as democracias liberais, se bem que mais prudentes, não têm tido uma atitude menos ambígua. Mesmo preferindo o tempo longo das reformas ao tempo precipitado das revoluções, permanecem com a esperança de uma conjugação mágica da ciência, da técnica e dos progressos materiais para vencer naquilo que os totalitaristas fracassaram. E a Europa da segunda metade do século XX manifestou um entusiasmo febril, otimismo desmesurado no qual a simples evocação da infelicidade denotava um arcaísmo, até mesmo uma obscenidade. Contra ela nosso tempo armou a pior das conspirações: a do silêncio. A Antigüidade vivia na esperança de uma refutação do sofrimento[1], o cristianismo vivia a exaltá-lo, nós vivemos

[1] Sócrates: "Para o homem de bem não há nenhum mal enquanto vive nem quando morre." Epicuro: "A morte não existe para nós." Epicuro ainda: "O sábio sorri sob a tortura". Zenão: "Não há outro mal, a não ser o vício e a vergonha." Epicteto: "Não há lugar para o mal dentro da ordem universal."

a negá-lo, a fugir dele como de um flagelo, não querendo nem mesmo considerar que ele possa ser real.

Luto, dor, doenças tornaram-se, pois, as grandes questões impensáveis da ideologia laica moderna e adquiriram o *status* pouco invejável de detrito numa sociedade que caminha em direção ao futuro: eventos absurdos, é proibido mencioná-los e mostrá-los, cada um tem que se arranjar como puder. Note-se que não foi o sofrimento que desapareceu, mas sua expressão pública é que foi proibida (salvo, repitamos, na literatura). É necessário simular dinamismo e bom humor na esperança de que a aflição disfarçada terminará por se dissipar por ela mesma. Diante dela *as palavras nos faltam*, sobretudo quando acreditamos dispor, para justificá-la, do dogma da explicação perfeita (a lógica do mercado, a miséria sexual, a pobreza, etc.) que cobriria a extensão completa da dor humana. Nós a banimos do vocabulário do mesmo jeito que afastamos os infelizes, os feridos, os agonizantes que agridem nossos preconceitos, os "desmancha-prazeres". Para nós que elevamos a juventude, a saúde, o *fun* ao nível de ídolos metafísicos, sua proximidade nos repugna, sua simples visão nos aniquila. Sabe-se desde Tolstoi que o sofrimento é uma sujeira e a morte uma contrariedade nauseabunda; o século XIX recusava-o em nome da decência[1], o século XX afastou-o em nome do prazer. Mas seja em

---

Epicteto ainda: "Não peça para que o que acontecer aconteça como você quer. Mas queira que as coisas aconteçam como elas acontecem, e você será feliz." Nas *Tusculanas*, Cícero brinca com essas argúcias lexicais e reafirma a realidade da dor. Forjar para si um santuário inviolável, fora do alcance das atribulações do mundo, foi a ambição de um bom número de filósofos antigos e sábios orientais.

[1] "O ato aterrorizante, horrível, de sua caminhada em direção à morte era, ele bem o via, rebaixado a toda a sua volta à categoria de uma contrarieda-

nome das boas maneiras ou do ideal hedonista, o sofrimento continua sendo a inconveniência suprema.

Cegueira terrível da felicidade, a ver por toda parte apenas seus reflexos, a desejar se tornar o único discurso válido. Mas, assim como os detritos do universo consumista terminam por invadir todo o espaço e voltar à nossa lembrança sob mil formas desagradáveis, o sofrimento, por não ser expresso, põe-se a proliferar, aumentando a consciência de nossa vulnerabilidade. À conta de varrê-lo, o sacralizamos. Transformado em tabu, em zona cinzenta de nossas sociedades, literalmente explode como um gás reprimido tempo demais; invadindo todos os poros da sociedade, instalando-se em territórios onde não era esperado. Pois não poder mencionar o mal que nos aflige, seja nos locais de trabalho ou na vida diária, não vê-lo aceito pelos outros é o pior dos tormentos, uma maneira de sofrer duas vezes (da mesma maneira que, como notava Philippe Ariès, reprimir as lágrimas e o sofrimento no luto agrava o traumatismo da perda). O erro do Ocidente na segunda metade do século XX foi ter dado aos homens a esperança insensata do término iminente de todas as calamidades: fome, indigência, doenças, velhice iriam desaparecer no prazo de uma ou duas décadas, e uma Humanidade purificada de seus antigos flagelos iria se apresentar às portas do terceiro milênio, orgulhosa de ter expulsado os últimos germes do inferno. A Europa iria se tornar, segundo as palavras de Susan Sontag, o único lugar onde a tragédia não mais aconteceria. (E a cada década, cada passagem de século, voltam os mesmos juramentos inconse-

de passageira não desprovida de indecência (um pouco como uma pessoa se conduz em relação a alguém que se sente mal assim que entra em um salão)." Tolstoi, *La Mort d'Ivan Ilitch*, Folio, Gallimard, p. 129.

qüentes, as mesmas esperanças incansáveis: as fronteiras vão desaparecer, a fome será debelada, as prisões abolidas, as doenças controladas, etc.)

Não somente esse conto de fadas não se realizou, mas também, de uma certa maneira, até reforçou o que pretendera anular. Clamara-se, com toda a razão, contra a cultura da resignação propagada pela Igreja e pela burguesia, principalmente no século XIX. Nessa época, o esforço e a moderação eram vividos como norma, resgates do pecado ou do tormento, e o prazer como uma raridade, um jardim privado cercado de altos muros e proibido ao povo. Mas, quando o hedonismo impõe-se como valor absoluto, morte e sofrimento viram puro *nonsense*, intoleráveis atentados aos nossos direitos. Às devastações que provocam acrescenta-se a inutilidade, que os torna mais amargos ainda. E nos impacientamos por persistirem, uma vez que fomos induzidos a acreditar em seu iminente desaparecimento. "Confessemos a existência do mal sem ainda acrescentar aos horrores da vida a absurda complacência de negá-los", já dizia Voltaire. Daí o paradoxo já evocado: nunca nossas sociedades falaram tanto de sofrimentos desde que passaram a se ocupar exclusivamente da felicidade. Por uma transposição fantástica, a dor, que presumíamos não ter nenhuma legitimidade, terminou por ocupar um lugar de enorme importância, para dizer a verdade, o primeiro lugar.

Vejam o sombrio brilho de que desfruta o termo infelicidade hoje em dia. Diante dele todo mundo se inclina: é um passaporte que abre os corações, suspende qualquer julgamento, escusa todas as traições. Foi uma jogada de mestre de François Mitterrand preparar o teatro de sua própria morte muitos anos antes de ela acontecer, para disfarçar mentiras e omissões de seu reinado. No limiar da eternidade e quando se está enfrentando com coragem uma doença fatal, confessar que se errou há muito anos é tornar a confissão pouco importante, é destilar as revelações para fechar a boca aos críticos. Já não é o líder quem está falando, é um habitante do além-túmulo que se dirige a você com a palidez de um cadáver para varrer, pela confissão, pecadilhos de juventude, tentações marechalistas*, amizades comprometedoras. Se a agonia clássica era um exemplo, esta última serviu à indulgência e permitiu ao velho monarca socialista, um craque em mistificações, expor seu padecimento presente como um escudo para obter o perdão por seus erros passados. Magnífica saída que atropela a moral e os costumes, e os princípios da democracia, mas que deveria ser estudada como um caso exemplar por todos os dramaturgos[1].

Por ter sido longamente relegado ao esquecimento e pudicamente omitido pelo discurso político, o sofrimento volta à tona, retorna alardeado, ganha uma sacralização duvidosa: deixa de ser obsceno, é trazido ao palco e, tão logo exibido, vale como uma absolvição. Para os que podem invocá-lo em seu favor, exibir publicamente todos os seus estigmas, as regras da ética ordinária já não se aplicam. É que existe uma ambivalência da democracia em relação à infelicidade: por recusá-la, faz dela o sustentáculo de direitos sempre novos. Seus grandes desafios são primeiramente negativos: dar fim à miséria, acabar com as desigualdades,

* Partidários do marechal Pétain e de sua política colaboracionista durante a II Guerra Mundial. (N.T.)

[1] A respeito do fim dos chefes de Estado e do fim de François Mitterrand, podem-se ler os ensaios de etnografia comparada publicados pela Gallimard sob a direção de Jacques Julliard, *La Mort du roi*, 1999.

combater as doenças. Inevitável contradição, que consiste em designar os males que nos esforçamos por suprimir. Se tudo o que sofre cria o direito ao direito e dá fundamento à existência deste último[1], então a dor física ou psíquica torna-se pouco a pouco a medida de todas as coisas. Para matá-la é preciso primeiro nomeá-la, fazê-la existir. A modernidade, desde o Século das Luzes, vem concorrendo para a ampliação crescente do sentimento de insustentabilidade: o que antes parecia seguir um curso próprio é agora pensado em termos de injustiça, de arbitrariedade. O que mudou em relação aos séculos precedentes não foi a soma dos flagelos de que padecemos, foi nossa disposição de espírito *vis-à-vis* eles. *Ser moderno é ser incapaz de assumir o destino que nos é imposto.* O ódio ao sofrimento é, pois, a fonte de todos os progressos do direito, inclusive para os vivos não humanos, como os animais[2]. E, uma vez que à modéstia das expectativas, típica dos tempos antigos, sucedeu a escalada dos desejos, vivemos em meio a uma aspiração constantemente decepcionada: nunca se é suficientemente amado, gratificado, recompensado. Assim como a morte para o cristianismo era o salário do pecado, a felicidade para nós deveria ser o salário da existência, o maná eqüitativamente concedido a cada um como agradecimento por ter nascido. Mas, quanto mais desmedida é a ambição, mais o resultado parece insuficiente, e a extensão do insuportável não pára de aumentar. A democracia, ao gerar uma insatisfação perpétua, torna-se o regime da queixa consagrada. É por meio do direito transformado, como disse um jurista, em "um imenso sindicato con-

[1] Jean Poirier, *La Douleur et le Droit*, obra coletiva, PUF, 1997.

[2] Como está demonstrado no controvertido livro do utilitarista australiano Peter Singer, *Questions d'éthique pratique*, Bayard, 1997.

tra o sofrimento" que este último volta ao discurso coletivo: o fato de ter sido colocado fora da lei assegura-lhe paradoxalmente um renascimento contínuo. Desse modo, é o caçador que fica prisioneiro de sua presa, não o contrário.

Assim, chegamos a uma confusão preocupante entre adversidade e sofrimento: o obstáculo já não é uma provação normal que o mundo contrapõe a meus empreendimentos, mas uma ofensa pessoal que deveria merecer uma compensação. Confundimos o doloroso com o desagradável, o infeliz com o árduo; à menor contrariedade, exclamamos: o mundo não me ama, tudo está contra mim. A indeterminação crescente do lugar do sofrimento e do não-sofrimento faz com que nasçam a cada dia novas agonias, como um caminhante que provocasse incêndio sob seus pés. Coisas admitidas deixam de sê-lo, tudo que freia ou retarda a satisfação é classificado na lista dos infortúnios. Uma categoria tradicional como o esforço físico — a não ser sob a forma lúdica, no esporte — está banida; e os trabalhos de força, as tarefas penosas são deixadas aos imigrantes (o imigrado é uma pessoa que não avalia o próprio sofrimento). Mas o esforço intelectual também é anexado ao domínio da opressão: é o problema da escola, que, desejando poupar à criança qualquer humilhação, desiste freqüentemente de transmitir, em nome da sacrossanta liberdade da criança: ensinar virou sinônimo de perseguição, é preciso ajudar os alunos a se desenvolver, não afligi-los com conhecimentos abstratos...

Em suma, a precisão da infelicidade desapareceu, a infelicidade conquistou e invadiu tudo o que não é prazer e estrito prazer, incorporou por fagocitose as disposições, as emoções que não lhe eram associadas até então. De uma só vez perdemos o sentido das proporções, alçamos as menores contrariedades ao nível de tragédia. Entramos na embriaguez do *pathos*, que deixa de ser, como no romantismo, uma estratégia da distinção em relação ao burguês, passando a reflexo da lamentação sistemática, a filosofia do desespero por expediente. O inferno contemporâneo é já não se saber onde começa e onde termina a dor, que pode apresentar as mais diversas faces e que se estende ao próprio fato de viver, tornando novamente atual um postulado religioso que se acreditava ultrapassado.

EM DIREÇÃO A UMA NOVA CULTURA DO SOFRIMENTO?

Eu havia mostrado em meu livro precedente[1] como o *status* de vítima se tornara uma regra invejável, às vezes hereditário, a criar verdadeiras linhagens de párias exonerados de qualquer dever e beneficiários de todos os direitos. Como a guerra das consciências, cara a Hegel, fora substituída pela guerra dos sofrimentos que se defrontam na cena pública. Como cada povo, minoria, indivíduo luta para ocupar o lugar de vítima máxima da vez, no momento em que os oprimidos tradicionais são dados como atendidos, confusão que provoca uma concorrência vitimária entre todos eles — curdos, judeus, bósnios, tutsis, negros, ameríndios, mulheres, homossexuais —, disputando entre si a palma do martírio supremo. Como se desenvolveu em nosso país um mercado do sofrimento ligado à extensão do direito, uma

[1] *La Tentation de l'innocence*, Grasset, 1995.

verdadeira demagogia do desespero na qual cada grupo rivaliza com outro e exibe sua lista de laureados numa vitrine de aflições. Como essa embriaguez de infelicidade, conseqüência da perda de confiança nos poderes humanos, desembocou na promoção desigual da lamúria, bem como na corrupção da linguagem comum e na justaposição ignóbil de nossas pequenas misérias às grandes atrocidades, o uso imoderado da palavra genocídio e a invocação sistemática de Auschwitz são os melhores indícios dessa desnaturação pelo exagero.

Felizmente, nem todo mal está fadado a um destino como este. Formulamos a hipótese de que, de forma tateante, as sociedades ocidentais, ao lado do direito como instrumento de reparação e do combate político como fator de justiça, estão em processo de inventar uma outra relação com o sofrimento, o que denota talvez uma revolução fundamental. A primeira etapa consiste, depois de anos de refreamento, em reconhecer a infelicidade como parte integrante da condição humana, em reaprender a viver com ela para desfazer suas armadilhas mortais e dela tirar partido da melhor maneira possível. Restituí-la à nossa existência, reintroduzi-la na linguagem comum é se desprender da fascinação malsã que exerce quando está dissimulada, é também tornar-se apto a, integrando-a, contê-la. Contra ela dispomos não de uma ausência, mas de uma superabundância de receitas que concorrem entre si. Além dos dois recursos tradicionais já vistos, dos Antigos e do cristianismo, os Modernos multiplicaram as terapias provedoras de sentido sem esquecer o arsenal maciço da farmacopéia, assim como todas as sabedorias, medicinas e confissões exóticas que nossa época desamparada convocou à cabeceira de maneira desordenada.

Citemos, a este respeito, o sofisma do budismo e de certas correntes do estoicismo: *oferecer a solução dos problemas por meio de sua dissolução*. Decretar que são funestos nossos apegos, vãs nossas preocupações, ilusório nosso eu. Propor a paz de espírito, a serenidade pelo ato de subtrair-se aos tumultos da sociedade. Se consideramos que, ao contrário, não é na renúncia, mas no apego apaixonado aos outros e aos sortilégios do mundo, que reside a vida autêntica, então tais doutrinas, que supõem a resolução da dificuldade pelo distanciamento, têm pouco a nos ensinar. Se para nós o pior dos sofrimentos é a perda de um ente querido, reagir a ele respondendo como Epicteto: "Nunca diga a respeito do que quer que seja: eu o perdi. Diga: eu o entreguei. Sua mulher morreu, ela foi entregue. Seu filho morreu, ele foi entregue", é uma pífia consolação, salvo para quem escolheu "o ideal ascético" (Nietzsche). Entre a insípida ataraxia e as comoções amorosas, permitamo-nos escolher estas últimas, mesmo que, neste caso, multipliquemos os riscos de exposição aos golpes do destino. No que o amor, fonte das maiores alegrias, em nada se confunde com a felicidade, uma vez que inclui em seu espectro uma gama de sentimentos infinitamente mais vasta: êxtase, dependência, sacrifício, terror, escravidão, ciúme. Por ser a experiência mais exaltante e mais perigosa, pode nos precipitar no abismo e nos alçar aos cimos. Supõe sobretudo que aceitemos sofrer por causa do outro e para o outro, com sua indiferença, ingratidão, dureza.

Confusão tanto quanto profusão de indicações: não existe mais um consenso diante da aflição, supondo-se que algum dia tenha existido, pois estamos de agora em diante assentados no *espaço do mínimo*, onde experimentamos uma a uma as diferentes vias, se necessário simplificando-as. Relativismo total: compete a cada um se virar em relação a seu mal, de acordo com as próprias convicções e meios (e sabemos o quanto a desigualdade socioeconômica agrava a vulnerabilidade a certas patologias e aumenta a discriminação no acesso e na qualidade dos cuidados). Foram-se as maneiras de resistir assim como os outros: era uma réplica imperfeita talvez, mas tinha pelo menos o mérito de ser coletiva e de exigir um ritual catártico. E assim como Freud dizia a respeito da psicanálise que ela teria por objetivo ensinar-nos a suportar a vida cotidiana, é preciso "redomesticar o sofrimento", "achegar-se", como Montaigne dizia sobre a morte, para adotar a seu respeito um certo desprendimento, para tentar, tanto quanto possível, mantê-lo a distância.

ESTABELECER UM VÍNCULO PELA PROVAÇÃO COMPARTILHADA

O segundo momento desta revolução consiste em unir os homens a partir de suas tragédias pessoais comuns. Não se pretende mais destruir a infelicidade de um golpe só, como o socialismo revolucionário no passado, mas apará-la, fragmento por fragmento, sempre que nos alcançar. Todo traumatismo, acidente, atentado, epidemia ensejam reações específicas, resulta em comitês, associações, onde se executa um duplo trabalho de ajuda mútua e de trocas. Seres de todos os meios, de todas as origens se vêem, por acaso, reunidos por causa de uma mesma ferida e, constatando os limites da medicina tanto quanto da psiquiatria, decidem associar-se para combater seu drama em conjunto. A grande novidade dos Alcoólicos Anônimos, fundados nos Estados Unidos antes da guerra de 1940 e importados para a França por Joseph Kessel, foi ter inaugurado uma terapia comportamentalista baseada na tomada de consciência da dependência pelo próprio bebedor assistido por tutores que atravessaram o mesmo calvário e conseguiram sair. Assim, reativa-se um ideal de domínio de si mesmo contra a intemperança, sob o controle de padrinhos que protegem e tomam conta. Essas pessoas continuam a fazer da bebida (ou da droga) o centro da vida, mas modificam pouco a pouco sua relação com ela. Diante da impossibilidade de consumi-la, falam dela, e falam dela para já não consumi-la. O que se perde por privação ganha-se de novo em liberdade, e salvam-se juntos com os outros por intermédio justamente do que os destruía. Os que pensavam encontrar no álcool um amigo, uma vez que aquele amigo virara-se contra eles, descobriram nas regras do grupo o meio de restaurar a autonomia perdida.

MÉDICOS E PACIENTES

Nada mais ambivalente do que a figura do médico, ao mesmo tempo padre, feiticeiro e curandeiro, dono da vida, bem como da morte. Por muito tempo sua representação oscilou entre duas imagens extremas: a do prático arrogante, embriagado pelo próprio poder, dotado de todos os atributos do saber; e a do médico de família, divindade tutelar da sociedade francesa que sabia aliar ao diagnóstico seguro e preciso conselhos amigáveis sobre a conduta a ser mantida. A relação médica era, então, "o encontro de uma consciência e de uma confiança" (Louis Portier), a e alguns desses doutores, à custa de fidelidade, transformavam-se quase em guias capazes de inspirar a higiene do corpo, assim como a do espírito.

Tudo mudou desde que a medicina simultaneamente especializou-se e liberalizou-se. Nas mãos do especialista, não somente a pessoa humana dividiu-se em múltiplas partes, como, entre muitas delas, também se estabeleceu um confronto de concorrentes. Conseqüência deste novo *status*: oscila-se *vis-à-vis* cada terapeuta entre a fé e a suspeição absolutas. Tido como conhecedor de tudo, ele não tem nenhum direito de se enganar. E alguns doentes, tomados pelo nomadismo do hipocondríaco, navegam de um consultório para outro em busca de uma opinião ou de um novo remédio. O paciente contemporâneo é um cético que não acredita em nenhum tratamento, mas tenta todos, juntando a homeopatia, acupuntura, sofrologia, alopatia, um pouco como certos fiéis recentes que adotam diversas religiões para multiplicar as garantias.

Quanto mais se espera da medicina em geral (e hoje em dia lhe pedem tudo, inclusive o impossível, a cura total, a vitória sobre a morte), mais as pessoas se impacientam com os limites dos médicos em particular. A ciência esmaga com suas promessas esses servidores sempre a postos, e eles se banalizam, perdem em autonomia, tornam-se simples prestadores de serviços e são levados à justiça, aliás freqüentemente com razão, se cometem um erro. Se o pesquisador, o sábio ou alguns cirurgiões cujas competências aproximam-se da verdadeira genialidade artística permanecem com um imenso prestígio, o doutor, em muitos casos, não é mais do que um mecânico que recoloca a máquina em operação até o próximo enguiço.

Contudo, não é certo que estejamos condenados a essa medicina subdividida que se parece muitas vezes com o trabalho de um consertador de canos e torneiras. Felizmente, às vezes se estabelece entre o doente e o médico uma comunicação que não é somente utilitária e que permite ao primeiro falar de seu sofrimento, inserir seu sintoma em uma história pessoal. Aí a relação, em vez de ser desigual como a de um mandarim que dá ordens e de um paciente que obedece, torna-se uma troca e um contrato no qual dois sujeitos, conscientes de seus limites, tentam juntos a melhor cura possível em meio a um respeito recíproco. Talvez o futuro esteja no casamento da competência do especialista com a inteligência humana do generalista.

Alguma coisa ínfima, porém decisiva, talvez tenha mudado na nossa relação com a doença. Temos medo e fugimos dela tanto quanto no passado, mas já não aceitamos ser desapossados dela em favor de uma competência exterior, médica ou não; passamos a exigir participar na medida do possível do processo de tratamento. Em relação a este aspecto existe na AIDS, provavelmente, uma singularidade: pelo fato de as pessoas terem se contentado durante muito tempo em estigmatizar os doentes sem debelar o mal, estes, primeiramente homossexuais e toxicômanos, precisaram literalmente inventar uma exibição social, jurídica, política, para resistir ao ostracismo e ao desprezo, chegando até a criar ritos funerários pagãos para enterrar seus mortos. Exemplo extraordinário de homens e mulheres submetidos a uma mesma comunidade de destino, cuja mobilização acabaria por trazer um efeito benéfico a todas as outras afecções. A AIDS não reatou só a velha aliança do sexo e da morte (mesmo que de início tenha sido enormemente mal interpretada, denunciada como um complô contra a minoria *gay*). Ela colocou, um diante do outro, dois universos que já não se conheciam, a juventude e o túmulo, em um final de século que havia prometido a todos, se não a eternidade, pelo menos o prolongamento da vida até os 120 anos. Veio zombar de nossas mais loucas esperanças, nos fez mergulhar de novo em uma espécie de horror medieval, já que atrás dela outras gerações de vírus aguardariam na sombra para nos ceifar. Mas, acima de tudo, derrubou o mito da onipotência médica, deu de novo um terrível sentido à palavra *incurável* — o termo mais indecente da língua moderna — e aumentou nosso pânico diante do retorno das doenças fatais.

Exatamente por esta razão adquiriu um *status* especial, tornou-se um objeto semipolítico, semimédico: nenhuma outra pandemia, ousaríamos dizer, é tão "interessante", e esta doença, pela emoção provocada, pelas imprecações de que foi objeto, obrigou a um minucioso reexame geral; obrigou os pesquisadores a reorientar seus trabalhos, os pacientes a modificar seu *status*, a sociedade a considerar com outro olhar patologias até então confinadas ao segredo e à vergonha. É talvez graças à AIDS, esta sinistra batida de címbalos tocados numa época despreocupada, que o doente se tornou um sujeito de direito (e não mais um objeto passivo nas mãos dos médicos), um ator social que pode ter acesso à justiça, como se viu no processo do sangue contaminado, que decide de comum acordo com os médicos a melhor terapia a ser seguida e às vezes tem assento no conselho de administração dos hospitais. De agora em diante co-responsável pelo tratamento que recebe, o paciente não só está a par da medicina tanto quanto de sua doença, como também alcança a maioridade, participando à sua maneira da cura: numa clínica suíça especializada em crianças com câncer, por exemplo, toda manhã são desenhadas sobre um quadro negro células mortais, e as crianças são instadas a repetir: células, eu vou matar vocês, eu não vou deixar vocês me matarem. Ao inserir o drama privado numa rede de amizade, cada pessoa se torna simultaneamente gestora de sua doença e pedagoga que educa as outras, ensinando-as a tomar posse do saber médico e jurídico. Existe aí um ato soberano de reapropriação, uma passagem da submissão à dignidade reencontrada.

É, pois, o compartilhamento do sofrimento e a vontade de se libertar dele que criam o vínculo e provocam "um ato de atribuição de sentido"[1]. Seja qual for a forma que essas *coalizões de lastimosos* tomarem, todas partem de uma mesma constatação: as sabedorias mundanas, bem como as políticas tradicionais, estão desarmadas diante do luto e não têm nada a oferecer aos que sofrem, a não ser os vestígios de um cientificismo impotente ou de um cristianismo degenerado. Preocupados em ir além da resignação, assim como da lamentação, esses seres alquebrados se unem para não sofrer sozinhos. São todas elas iniciativas minúsculas que visam a reinserir as doenças na família humana e que esboçam uma nova rede de lutas fora do âmbito das Igrejas, dos partidos, das instituições.

AS VÍTIMAS OU OS QUE ULTRAPASSAM FRONTEIRAS

Se existe um terceiro poder emergindo da sociedade civil, o poder das vítimas[2], ele é, com certeza, o dos indivíduos que não admitem se deixar reduzir a este estado e que aspiram, mesmo em meio à debilidade física, a reencontrar a liberdade e a responsabilidade. Afastando a vitimação, na

[1] Daniel Defert: entrevistado por Frédéric Martel, "Face au sida", *Esprit*, de julho de 1994.

[2] Antoine Garapon e Denis Salas, *La République pénalisée*, Hachette, 1996, p. 10.

qual se alega desvantagem para obter derrogação, essas pessoas levam o próprio mal para o espaço público para ser reconhecidas e voltar às normas: como, por exemplo, o caso da jovem aviadora francesa condenada à cadeira de rodas após um acidente que criou um movimento para que a capacidade dos pilotos deficientes físicos fosse reconhecida. Decidindo que tal abuso não é mais tolerável, traduzindo sua revolta em termos jurídicos e políticos, esses doentes modificam a norma, abalam para todos o limite da intolerância. Decididos a enfrentar a indiferença dos poderes públicos, o ceticismo do parecer médico ou psiquiátrico, são instados a responder a esta questão crucial: *provem-me que estão sofrendo*[1]. É exclusivamente nessa hora que farão jurisprudência, que servirão de modelo para outros, que será expandido o círculo de vítimas legítimas.

Mutação fundamental: por intermédio das interpelações que lhes são endereçadas por hemofílicos, cancerosos, portadores do HIV, deficientes físicos, a sociedade inteira tenta se acostumar a um mal novo e segurar nas mãos as rédeas de suas calamidades, num duplo gesto de pragmatismo e voluntarismo. Ninguém mais se satisfaz com o que até então era admitido por todos. O que decorria da falta de sorte passou agora a ser pensado em termos de preconceitos, ou seja, de "fatalidade modificável" (Ernst Cassirer). Luta-se, neste caso como em outros — no mundo do trabalho e das empresas —, pela dignidade, para não se deixar reduzir à pró-

[1] A respeito da maneira pela qual a queixa deve ser apresentada para permitir a transposição objetiva pelo médico especialista e poder ser confirmada em um enquadramento clínico e uma escala de dores, veja o artigo de Gilles Trimaille, "L'expertise médico-légale: confiscation et traduction de la douleur", *op. cit.*, especialmente as pp. 498-9.

pria desgraça (modificar o olhar sobre a deficiência física: é a principal função do programa de TV Téléthon e sua coleta coletiva de fundos para a pesquisa contra as miopatias). Doentes graves, traumatizados, acidentados, fortalecidos por suas fraquezas compartilhadas, manifestam, pois, sua liberdade com relação ao que os colocava até então na categoria de subcidadãos, de assistidos. Lutam contra a segregação que fazia deles seres atacados por alguma peste, portadores de más notícias. Brigam para permanecer na comunidade humana[1].

REVOLUÇÕES MINÚSCULAS

De que adianta fazer passeata contra a AIDS?, pergunta um filósofo. E quem é a favor? Fazem-se passeatas contra o câncer e o infarto[2]? A esta forte objeção é necessário responder que se protesta, primeiramente, para se fazer levar em conta, mobilizar as energias, intervir no plano simbólico, lembrar à sociedade que tudo lhe diz respeito. Trata-se, neste caso como em outros, de converter os proscritos em vítimas respeitáveis (e destacar que os honrados cidadãos podem amanhã se ver na pele dos proscritos). Assim, as passeatas do Act Up com seus cartazes em forma de comunica-

[1] Em uma tese de doutorado de medicina sobre a avaliação do estresse póstraumático, o doutor Louis Jehel, a propósito das 56 vítimas do atentado ocorrido na estação RER Port-Royal, em Paris, no dia 3 de dezembro de 1996, revela a maior vulnerabilidade das mulheres e crianças a esse tipo de acontecimento dramático, assim como a superação mais rápida do estresse pelas pessoas feridas fisicamente e cuidadas num ambiente acolhedor. Seu trabalho sugere a adoção na França de uma política de assistência mais eficaz às vítimas de atentados. Louis Jehel, Universidade de Picardie, Jules-Verne, Faculdade de Medicina, novembro de 1997.

[2] Bertrand Vergely, *La Souffrance*, Folio, Gallimard, 1997.

do, seus apitos, seus trajes escuros parecem-se com os cortejos de penitentes que percorriam as cidades na Idade Média lembrando aos homens que eles eram mortais[1]. A modernidade, cada vez que se vê confrontada com o essencial, ou seja, com a morte, adota novamente características religiosas. *Em suma, o cidadão moderno é um sujeito que sofre revoltado com seu sofrimento* e cuja revolta pode seguir diversos caminhos: o da queixa dirigida ao Estado-Providência[2]; o da justiça para fins de reparação; enfim, o da batalha coletiva ou associativa. Ele pode acumular essas três respostas, mas em todos os casos tem a escolha entre a postura de vítima que o prende ao próprio mal ou o combate comum que o obriga a inventar novos mecanismos de solução, a descobrir uma saída razoável para as reclamações. Ou o isolamento dentro da ferida, remoendo interminavelmente sua tenebrosa abjeção, ou a reconstrução de si mesmo, a obrigação de abandonar o burel de mártir para entrar na ordem da liberdade. É provável que nosso tempo não consiga se decidir entre estes dois usos do sofrimento. Mas a opção está aberta. Estas minúsculas revoluções em nada atenuam a agonia do condenado, a solidão do moribundo. *Podemos curar certos males, mas não a própria desgraça,* pois ela renasce sob novas formas e persiste com uma engenhosidade diabólica, a desa-

---

[1] Seja qual for, por sinal, a opinião que se tenha a respeito desta organização, que faz com a provocação o que outros fazem com a prosa, que usa e abusa da retórica revisionista — a AIDS comparada à Shoah —, que pede a convocação de um Tribunal de Nuremberg para esta doença, e que se dedica, em nome da sacralização do paciente equiparado a Cristo, a práticas duvidosas nas quais a preocupação publicitária mal se distingue da causa defendida.

[2] Veja a este propósito o estudo de J. F. Lae, *L'Instance de la plainte. Une histoire politique et juridique de la souffrance*, Descartes et Cie, 1996.

fiar nossos recursos mais elaborados. Toda época, acreditando ter suplantado a precedente, não faz senão carregar uma nova cruz. Pelo menos nossa atitude com relação à dor está adquirindo um rosto novo, que não deve mais nada ao otimismo positivista, aos postulados religiosos ou ao atordoamento hedonista, que é uma outra forma de capitulação. "Os que recusam o combate são mais gravemente feridos do que os que o enfrentam." (Oscar Wilde)

AMOR NÃO É COMPAIXÃO

Alcançamos um grande progresso ao elevar a compaixão, "essa repugnância inata de ver sofrer o semelhante" (Rousseau), ao nível de virtude democrática, maneira de sentir a Humanidade inteira, inclusive o reino animal, como um só corpo magoado cujas mínimas feridas nos afetam. É pelo horror que provoca em nós o mal causado ao outro e a nossos irmãos inferiores, os animais, que progride o domínio do direito. Contudo, quando Rousseau declara precisamente: "Todo ser que sofre é meu semelhante", está estendendo sem dúvida alguma o sentimento de igualdade e de solidariedade ao conjunto dos povos e das espécies. Com isso coloca o sofrimento no centro da experiência humana, e não a alegria ou o contentamento. Podemos então ler sua declaração ao contrário: só aquele que sofre é meu semelhante (e aquele que saboreia a vida é meu inimigo?).

Desconfiemos dos abutres da desgraça a quem nossa prosperidade causa aversão, mas que, ao primeiro tombo, acorrem a nossa cabeceira e se regalam com nossos infortúnios. Desconfiemos de todos os que fazem profissão de adorar os pobres, os perdedores, os excluídos. Há nessa solicitude uma espécie de desprezo disfarçado, uma maneira de reduzir os miseráveis a seu infortúnio, de nunca os considerar como iguais. É então que, sob a máscara de caridade, triunfa o ressentimento: amor ao sofrimento, ódio aos homens. Só lhes perdoam existir se estiverem sofrendo.

"Ser tocado pela piedade", dizia Cícero, "implica ser tocado pela inveja, pois, se sofremos com a infelicidade do outro, podemos igualmente sofrer com sua felicidade." Rousseau inventou a compaixão como participação efetiva na dor alheia, marca da universalidade das criaturas. Já estaria na hora de contrapor-lhe a co-deleitação, a co-satisfação, maneira de identificar-se com o prazer do outro em vez atacá-lo a dentadas toda vez que parecer mais bem aquinhoado do que nós. Só então se manifestará a autêntica face do amor: não uma duvidosa comiseração, mas uma intensa alegria pela existência do outro. "*Delectatio in felicitate alterius*", dizia Leibniz, alegria experimentada pela felicidade de meus próximos. Existe mais nobreza de alma em se satisfazer com a alegria do outro do que em se afligir com sua desgraça.

Capítulo XI

A IMPOSSÍVEL SABEDORIA

"Nunca existiu um filósofo que pudesse suportar com paciência a dor de dentes."

Shakespeare

"A morte não encerra nenhum mistério. Não abre nenhuma porta. Ela é o fim de um ser humano."

Norbert Elias

"O magnífico é que, para tranqüilizar as pessoas, basta negar a evidência."

Robert Bresson

EXISTE UM ENSINAMENTO DA DOR?

Conhecemos a célebre alternativa diante da qual Voltaire nos coloca em *Candide*: o homem teria nascido para "viver nas convulsões da inquietação ou na letargia do tédio". Não teríamos, pois, outra escolha senão entre o horror da aflição ou a monotonia do repouso. Terrível tortura! Na realidade, nosso apetite de vida requer adversidades em um nível apropriado, que ponham nossa liberdade à prova sem matá-la. Necessitamos de obstáculos que possamos transpor, mas que evitem as duas experiências, do fracasso repetido e da infelicidade insuperável. Aí reside o paradoxo: os bens obtidos sem esforço não têm nenhum valor (eis por que a gratuidade absoluta de certas mercadorias provoca não a atração, mas o desgosto. Até o ladrão se expõe para subtrair os bens do outro). Ao sonho pueril de uma existência na qual as mais altas finalidades seriam alcançadas sem esforço é preciso responder que a facilidade em demasia mata o prazer, quando se esvai o tempero apimentado da resistência e tudo se obtém na mesma hora. Para que a satisfação seja completa, é preciso ir avançando ao longo do tempo, amadurecendo longamente os projetos, evitando a precipitação que arruína os mais belos entusiasmos. *Não chamemos de sofrimento o que decorre de nossa incompletude,* chamemos de ganho inesperado, surpresa abençoada, oportunidade de trabalhar para nosso aperfeiçoamento, falemos dele o que Platão dizia a respeito da feiúra, estimulante na repulsão que inspira, ao contrário da beleza, que entorpece. Todo obstáculo vencido e superado atribui valor ao objeto visado, enseja uma fadiga pelo trabalho que pode descontentar, mas também liberar um prazer sem igual. A dor que desanima uns galvaniza outros.

Pois ela é um alarme salutar para o corpo, função vital que faz com que nos confrontemos com nossos limites e constitui "o último baluarte antes da loucura e da morte"[1]. As piores doenças, sabemos, infiltram-se com freqüência, sem barulho, no "silêncio dos órgãos". Da mesma maneira

[1] J. D. Nasio, *Le Livre de la douleur et de l'amour*, Payot, 1996.

que as grandes questões, as reviravoltas decisivas derivam freqüentemente de um revés que permite eventualmente transformar o contratempo em atributo, as deficiências em vantagens. Todo o drama do herdeiro é encontrar sua vida mastigada e digerida antes mesmo de saber falar, é se sentir enfadado de tudo antes mesmo de ter podido saborear. Uma vez que os valores não são percebidos no mesmo instante e eu não sou imediatamente o que preciso ser, o acesso à verdade é uma via caótica que supõe tensão e avanço progressivo. Só nos forma o que nos repele, e nossos projetos permitem, pois, distinguir no mundo um campo de fracassos e vitórias potenciais. É por isso que toda educação, mesmo a mais liberal, é uma aflição, é uma retirada de um estado de ignorância bem-aventurada, violência que se inflige a uma criança para introduzi-la na dimensão da palavra e dos saberes. Em suma, uma vida sem combate, sem fardo, sem padecimento de nenhum tipo, uma vida que seria como uma linha reta em vez de uma "inclinação escarpada" (Xenofonte[1]) constituiria um monumento de languidez.

Mas se o homem não tem acesso à humanidade a não ser por meio da provação, convém não obstante distingui-la da penitência. Ao contrário do mito segundo o qual seria necessário ter sofrido bastante para conhecer os homens (Elias Canetti teria dito a George Steiner: "Nunca escreveremos grandes livros se não tivermos ao menos por um dia sentido um aniquilamento mental completo"), a desgraça não instrui os homens, ela os torna infelizes e amargos. "É preciso ter bem pouco amor pela Humanidade para pensar

[1] Citado no livro de Paul Demon, *L'Idéal de tranquillité*, Les Belles-Lettres, 1990, p. 287.

que é se afligindo que uma vida progride."[1] Em outros termos, só são benéficos os desgostos aos quais podemos dar um sentido e que resultam em abertura, quando saímos fortalecidos de uma experiência que tínhamos a impressão que nos devoraria (mas, ao contrário do aforismo nietzschiano transformado em arenga da mídia, o que não me mata não me torna necessariamente mais forte: posso sobreviver a um infarto, a um câncer sem jamais recuperar minha saúde anterior, sem extrair a mínima sabedoria). O que instiga nas biografias de pessoas comuns ou célebres, com sua alternância de ascensões, quedas, ressurreições, é o fato de revelarem indivíduos comuns capazes, em situações desesperadas, de demonstrar uma coragem excepcional, de inventar uma solução[2]. O herói contemporâneo é um herói de circunstância, impulsionado contra a própria vontade para fora das normas habituais, um brigão aleatório, não um profissional da bravura. Da mesma maneira que o esporte nos fascina pelo que tem de jogo com o destino, sublinha a precariedade da vitória, assim como a da derrota, recoloca títulos e troféus num turbilhão sem fim. Imagem da fragilidade dos postos adquiridos, constitui uma esperança para os perdedores, uma advertência para os ganhadores.

Cícero já assinalava o caso de soldados movidos pelo orgulho e pela paixão que conseguiam suportar um sem-número de males em combate, mas sucumbiam diante de

[1] Bertrand Vergely, *op. cit.*, p. 71.

[2] Evocando o caso de crianças que conseguiram triunfar sobre provações imensas e construir uma vida de homens, Boris Cyrulnik forjou a palavra "resiliência", conceito que designa aquilo que nos faz recomeçar a cada golpe do destino, mas não designa automaticamente um aptidão para a felicidade. *Un merveilleux malheur*, Odile Jacob, 1999.

uma doença sem gravidade[1]. Gostamos apenas das aflições que impomos a nós mesmos no interesse de um objetivo superior, quando então estamos dispostos a nos expor aos piores perigos para alcançar nossos fins (é por esta razão, ao contrário do que nos repetem inúmeras religiões orientais, que é preciso reabilitar o ego, o amor-próprio, a vaidade, o narcisismo, coisas excelentes quando trabalham para reforçar nosso poder). Basta ver os calvários freqüentemente desumanos aos quais se submetem os desportistas de alto nível para vencer uma competição, ao mesmo tempo em que o mundo ocidental se encontra inteiramente entregue à cultura da anestesia. Compete a cada um fixar o limite de sacrifício, além do qual não quer mais ir (aliás, o que valeria uma vida que não tivesse ao menos uma vez corrido risco de morte e que, para desafiá-la, não tivesse conhecido sua proximidade embriagante?). Tal é o projeto moderno de casar a vontade e a autonomia, graças ao qual o desumano se torna humano, porque eu assim desejo e só eu estabeleço o repertório das dores que estou disposto a suportar. O "bom sofrimento" é aquele que eu decreto necessário ao meu desenvolvimento, que posso converter em poder e em conhecimento.

Conhecemos o exemplo de uma alpinista que percorreu o Pólo de um lado ao outro a pé para provar a si mesma que era capaz e ajudar crianças doentes. Ou do francês que atravessou o Atlântico a nado em homenagem ao pai morto de câncer e que doou uma parte dos fundos levantados por sua proeza à pesquisa contra a doença. É como se pudessem contrapor uma vontade a uma fatalidade, como se o sofrimento que se infligiam devesse compensar o que suporta-

[1] Cícero, *Devant la souffrance*, II e III Tusculanes, Arlea, p. 56.

vam! Desafio lançado à finitude, obstinação em afastar os limites psicológicos e fisiológicos do corpo, submetendo-o a um terrível exercício. Esses guerreiros do inútil crêem nas leis da simetria, estimam que um martírio dominado e desejado apagará todos os outros. Esta moral da resistência que insiste em bater recordes é sobretudo uma moral da conjuração: restabelece o cenário do ignóbil, do mal extremo, a fim de melhor expulsá-los, impõe-se um excesso de provações, de perigos para exorcizar os que os cercam todos os dias.

Infelizmente não escolhemos os golpes que a vida nos aplica, o desespero não nos atinge *à la carte*, mas irrompe de maneira tonitruante, sobretudo na forma moderna e insignificante da catástrofe, que é o acidente. A existência amesquinha-se quando a parte de adversidade anônima tem primazia sobre a adversidade livremente consentida, quando não ousamos mais arriscar, chegar perto dos precipícios por medo de apressar a derrota ou atrair sobre nós mil flagelos. Não haveria tormento, desolação, se a todas as feridas se pudesse atribuir uma razão e um sentido. Mas não podemos fazê-lo, e é por isso que a dor permanece inominável, atroz, e não nos faz menos tolos, não nos ensina nada. E quanta ilusão na prática estóica da *praemeditatio*, da previsão dos males futuros para melhor controlá-los! Crer que podemos adoçar a morte, a doença, a privação, preparando-nos para elas dia e noite é sobretudo uma maneira de estragar os menores prazeres imaginando o próprio fim[1]. Pois é sempre

[1] "Eles não vergam aos golpes do destino porque calculam adiantadamente os ataques, porque, das coisas que ocorrem sem que se queiram, até as mais penosas se tornam mais leves pela previsão se o pensamento já não achar nada de inesperado nos acontecimentos e atenuar a percepção deles, considerando-os coisas antigas e gastas." (Philo de Alexandria, 40 d.C., citado por Pierre Hadot em *Qu'est-ce que la philosophie antique?*, Folio-Essais, Gallimard, pp. 212-3.)

por inadvertência que a infelicidade nos alcança, que a morte nos colhe e a doença nos devasta, mesmo se pensávamos em prevê-las para dissipá-las. É um estranho procedimento conceder a esses flagelos plenos poderes sobre nós, uma vez que não estão sob nosso controle. Há muito maior lucidez na imprevidência! Não é verdade que viver é se preparar para a morte e para a ruína: viver é esgotar todas as possibilidades que a estada na terra nos oferece a despeito das vicissitudes e da conclusão inelutável, é agir como se fôssemos imortais. Na mesma ordem de idéias, Cioran, depois de ter exaltado o suicídio em livro após livro, morreu prosaicamente, ousaríamos dizer, na senilidade; como se vê, nem sempre é fácil colocar os atos de acordo com os próprios pensamentos.

OS SUPLICIADOS MAGNÍFICOS

Nada mais chocante e mais instrutivo, num tempo embriagado de positividade, do que ouvir doentes graves explicar-nos que consideram seu mal um amigo e que tentam conviver bem com ele. Para falar de uma outra maneira, alguns seres encontram excepcionalmente no horror da doença a oportunidade de explorar uma dimensão inédita da existência e, para alguns deles, até de se regozijar. Apresento o exemplo de quatro escritores contemporâneos, casos atuais verdadeiramente escandalosos, de loucos furiosos que deveríamos expor em praça pública, não fosse o fato de três deles já terem morrido e o último estar com os dias contados. O primeiro é Fritz Zorn, jovem burguês de Zurique, vítima de um tumor que ele descreve como "lágrimas retornadas":

> Sou jovem, rico e culto: e estou infeliz, neurótico e só. Descendo de uma das melhores famílias da margem direita do lago de Zurique, também chamada de Margem Dourada. Tive uma educação burguesa e fui bem-comportado minha vida inteira. Minha família é razoavelmente degenerada, e talvez deva ser esta a causa de minha pesada hereditariedade e de ter sido prejudicado pelo meu meio. Naturalmente tenho câncer, o que é perfeitamente esperado tendo em vista o que acabei de relatar. Isto posto, a questão do câncer pode ser apreendida de duas maneiras: por um lado, é uma doença do corpo da qual é bem provável que morrerei dentro de pouco tempo, mas também pode ser que eu a vença e sobreviva; por outro lado, é uma doença da alma da qual só posso dizer uma coisa: é uma sorte que ela tenha enfim se declarado. Quero dizer com isso que, com o que recebi de minha família no curso de minha pouco prazerosa existência, a coisa mais inteligente que já fiz foi ter contraído câncer. (...) Desde que estou doente, sinto-me muito melhor do que antigamente, antes de ficar doente[1].

É ainda o escritor Hervé Guibert, vítima de AIDS, biógrafo de sua própria morte e em pânico tanto quanto apaixonado pelo que lhe acontece, que proclama: "Beijarei as mãos daquele que me informará a minha condenação", antes de me maravilhar com a "inacreditável perspectiva de inteligência que a AIDS abriu em minha vida" e de concluir que esta última tem "qualquer coisa de suave e fascinante em sua atrocidade", uma vez que "é uma longa escadaria que levará certamente à morte, mas que cada degrau representa um aprendizado sem precedente, é uma doença que dá tempo para morrer e que dá à morte tempo para viver, tempo para descobrir o tempo e para descobrir a vida, é de

[1] Fritz Zorn, *Mars*, Folio, Gallimard, 1979, pp. 33-4.

alguma maneira uma invenção moderna genial que nos foi transmitida por aqueles macacos verdes da África"[1]. Vejam ainda o extraordinário testemunho de Jean-Dominique Bauby, jornalista, vítima em decorrência de um acidente vascular, de *síndrome locked-in* (o que está encerrado no interior de si mesmo) e que, incapaz de se mexer, de falar ou mesmo de respirar sem assistência, já não se comunica com o mundo, a não ser pelos batimentos de sua pálpebra esquerda. Transformado em um "espantalho de pardal", descobrindo o universo da paralisia total, ele, que "parece ter passado um tempo dentro de um barril de dioxina", desata a rir:

> Uma estranha euforia então me invadiu. Não somente eu estava exilado, paralisado, mudo, meio surdo, privado de todos os prazeres e reduzido a uma existência de medusa, como ainda por cima era pavoroso de se ver. Fui tomado por um riso frouxo e nervoso que terminou por provocar uma acumulação de catástrofes quando, depois de um último golpe do destino, decidiram interpretá-lo como brincadeira[2].

E, ainda para terminar, esta alucinante reportagem do romancista inglês Paul West sobre suas misérias fisiológicas. Acometido por todo um leque de calamidades, acidente cerebral, enxaquecas atrozes, diabetes, arritmias ventriculares, manchas cutâneas, paralisia, descreve sua doença como "um acidente milagroso" que lhe permitiu alcançar o auto-

---

[1] Hervé Guibert, *A l'ami qui ne m'a pas sauvé la vie*, Gallimard, 1988, pp. 46 e 181-2.

[2] Jean-Dominique Bauby, *Le Scaphandre et le Papillon*, Robert Laffont, 1997, p. 31. Jean-Jacques Beinex produziu um documentário magnífico do caso Bauby, *L'Alphabet du silence*, apresentado no programa "Bouillon de culture", de 14 de março de 1997.

conhecimento e o abriu para "a magia biológica", sobre a qual de outra forma teria continuado ignorante.

> Nascer é ser transformável para melhor e para pior, esperando o pior. Mesmo observando meu corpo ceder a algumas de suas disfunções, consegui fazer muitos trabalhos, nem sempre por desafio, e penso às vezes que sua caótica decadência me deu inspiração, ou seja, empurrou-me para além do cotidiano. Devo dar graças ao que me sucedeu, pelo estímulo que isso me provocou. (...) Minha grande sorte terá sido poder falar ou escrever sobre meu mal ao mesmo tempo em que sofria, contrariamente a outros escritores cuja doença varreu suas capacidades intelectuais junto com seus corpos. Por essa ajuda, *muchas gracias* mesmo que tenha se tratado apenas de um acaso[1].

Aficionado de seu próprio mal, descreve poeticamente suas crises de fibrilação, extasia-se diante da ação de cada medicamento, compara as intervenções cirúrgicas a obras de arte, os Dopplers, as ecografias a desenhos de Kandinsky ou de Dufy, sente-se glorioso por haver roçado a morte e por ter passado a dois dedos das Fúrias, celebra a preciosidade esotérica do jargão médico graças ao qual línguas mortas, o latim e o grego, tornam-se incrivelmente vivas. Por meio da doença, "suprema forma de arte", entrou, da mesma maneira que Fritz Zorn, Jean-Dominique Bauby e Hervé Guibert, em uma outra realidade. Transformado parcialmente num ser biônico que carrega um marca-passo, uma "teta de titânio", em um homem-máquina, constituído de artifícios, escruta seus sintomas com "um fervor de filatelista", extrai "um orgulho perverso" do que o aflige e se acha "sobretudo excitado com o fato de ter ao menos alguma coisa para dizer sobre (seu) destino".

---

[1] Paul West, *Un accident miraculeux*, Arcanes, Gallimard, 1998, p. 11.

Provocações, fanfarronadas de desesperados que se exibem para disfarçar melhor o terror? É bem possível. Mas também por que não levá-los a sério, não escutar o que estão nos dizendo? O que há de precioso nos testemunhos destes escritores é o fato de banirem as três atitudes canônicas que o Ocidente fixou para a dor: a humildade, o heroísmo ou a revolta. Recusando posar de vítimas ou mergulhar na beatice, escapam por meio do humor aos códigos usuais da infelicidade, contornado-os. Seres destroçados, cuja única riqueza é a exibição, tentam responder a uma questão fundamental: o que fazer quando não há mais nada a fazer, quando o corpo parece mergulhar dentro da noite? Sobra pelo menos a possibilidade de escrever livros, construir dentro da escrita uma precária morada. Pois eles já foram vencidos, pois eles "tombaram efetivamente dentro do fosso" (F. Zorn), não têm mais nada a provar e confessam, com inconveniência, uma certa desenvoltura na abominação. Formam junto com sua doença um duo desafiador e amoroso, no qual se nutrem do que os mata. Oferecem assim uma exemplaridade acerba, que não sabemos se nos alegra ou nos abate. Por intermédio dessa aventura tão impensável que os força a fazer uso da caneta ("Foi preciso que a infelicidade tivesse caído sobre nós. Foi preciso, que horror, para que meu livro visse o dia", diz Hervé Guibert), tornam-se à sua maneira exploradores de novas possibilidades humanas. "Ninguém até agora determinou o que o corpo consegue", disse Spinoza. Ora, aqueles quatro, com exceção de Fritz Zorn, são também criaturas da tecnociência mantidos com esforço pela medicina, sobreviventes que atravessam uma dupla provação, existencial e química. Se chegam a uma forma de sublime paradoxal, que não exclui nem o medo nem o desgosto de si mesmo, é porque transformam sua impotência em atividade e traçam o caminho de um novo domínio onde antes só existia espanto e opacidade.

Tendo atingido um nível de angústia aterrador, tentam lidar com a decadência física como se fosse um pesadelo e desafiam o monstro que os devora aceitando olhá-lo de frente. Esses doentes terminais são experimentadores, homens das fronteiras que se instalam nos limites da espécie, onde o ar é quase irrespirável. Em sua solidão vertiginosa, transformados em mutantes que se afastam, queimam seus navios, abandonam as costas habituais. O que emociona neles é a ausência de uma postura: nem a desordem pós-romântica da doença concessora de genialidade, ao gosto de Thomas Mann e Dostoievski, nem a visão nietzschiana do super-homem a quem o sofrimento esculpe com um "martelo divino" e purifica. Nenhum embelezamento ou *pathos*: não há nada a dizer, é assim. Esses seres comuns nos falam com ironia de sua situação desesperada com exemplos fundamentais: a provocação delirante de Fritz Zorn: "Antes o câncer do que a harmonia"[1], a teatralidade infantil de Guibert, tragédia espantosa de um maravilhoso jovem transformado em esqueleto, em "bebê

[1] É um absurdo querer elaborar, a partir do caso Fritz Zorn, uma visão nova do câncer como se este último fosse um julgamento da sociedade, um protesto contra condições de vida intoleráveis. Mesmo que Zorn tenha multiplicado não sem grandiloqüência as interpretações a respeito de seu mal, seu livro nada nos ensina sobre o câncer, mas muito sobre seu ódio à classe a que pertence. Já se quis que esta obra servisse de combustível contra a Suíça. Por que não? Mas beira a abominação o fato de alguns escritores helvéticos manifestarem por seu país uma complacência que provoca sorriso. Esses privilegiados gostariam de nos persuadir do caráter demoníaco da Confederação: é possível que se fique entediado na Suíça, mas a monotonia não é o inferno nem o *gulag*. Mesmo cuspindo em cima de seus brinquedos, uma criança mimada continua sendo uma criança mimada.

Auschwitz", o narcisismo desolado de Paul West e, sobretudo, o riso silencioso de Dominique Bauby. Em seus sobressaltos, em suas maneiras de conquistar momentos de serenidade em meio ao terror, representam todos os que jazem e lutam como eles contra a abjeção. Chegados ao "último limite do possível" (Bataille), poupam-nos das declamações fáceis: sabe-se, desde os campos de concentração, que existe um ponto em que o sofrimento deixa de ser possível, e a tristeza e as lágrimas se tornam um luxo inútil de tão fundo que se desceu no abismo. Mesmo assim, a língua que carrega uma ferida análoga à do corpo se solta e floresce como o único elemento que sobreviverá a eles. Cadáveres em *sursis*, evoluindo em uma atmosfera de alta densidade, adotam a respeito de seu mal o ponto de vista dos que fazem disso uma maneira nova de existir na devastação. Seus relatos não são um hino à glória do homem conquistador ou resistente, mas do homem poeta e malicioso até o limite de seu aviltamento e que, por um instante, transforma o suplício em triunfo, em aventura interior. São talvez místicos, mas sem Deus, sem revelação; e, mesmo sentindo a alegria de contrariar uma última vez a natureza no momento em que ela quer riscá-los do mundo, eles não nos consolam, não nos ensinam nada. Talvez os leiamos para conjurar a maldição que os atingiu; mas também para constatar que uma morte sem esperança do Além, da reencarnação, é possível. Expropriados deles mesmos, esses estóicos maliciosos enviam-nos uma última saudação antes do afundamento. Não nos curam dos terrores obcecantes da noite; projetam sobre as trevas mais espessas um tênue facho de luz. Botam em palavras sofrimentos novos, e é isto que perturba: esses cosmonautas do íntimo nos falam lá de um planeta longínquo que já é o nosso e do qual são os primeiros geômetras.

ARMISTÍCIOS PROVISÓRIOS

Deixemos de lado, para acabar com um contra-senso: para nós não existe — e provavelmente não existirá mais — resignação diante do sofrimento como os Antigos ofereciam no passado, como ainda propõem os budistas, pela simples razão de que resignação supõe equilíbrio entre o indivíduo e o mundo, e este equilíbrio foi rompido há muito tempo, pelo menos desde o começo da Revolução Industrial. Nós nos inclinamos diante da doença, do envelhecimento, mas esta docilidade é bastante provisória e será desmentida tão logo a engenhosidade humana tiver permitido abalar as normas até então admitidas. (E a ciência é de fato nossa última aventura, nossa última grande narrativa, portadora tanto de sonhos quanto de pesadelos, única capaz de combinar poesia, ação e utopia.)

Quanta tristeza, por exemplo, em pensar que vamos morrer de uma afecção, de um vírus que será curável dentro de alguns anos, que estamos partindo cedo demais (e conhecemos o inverso, o caso de soropositivos que, graças à terapia, tiveram que passar pelo luto de seu luto e se reprojetar na vida). *A dor é um fato, não precisamos fazer dela uma fé*, e nós firmamos com a fatalidade apenas armistícios provisórios. Temos visto tantos infortúnios desaparecerem, que não podemos nos resignar a passar pelo que estamos suportando. Se "os poderes do homem acabam diante das portas da morte" (Aristóteles), ele pode ao menos mantê-las fechadas o maior tempo possível (e sabemos que, a este respeito, a pesquisa avança a passos de gigante). Há no mundo uma grande impaciência com relação ao sofrimento, pois os progressos realizados tornam odiosa a imensidão do que resta a ser feito.

A "bestialidade" do desespero (Pavese) proíbe estabelecer com ele relações justas, apenas caóticas e de choque. Qualquer serenidade a respeito desta matéria seria apenas argumentação por cansaço.

Se só temos razão para admirar a nova cultura de acompanhamento dos moribundos que se desenvolve no Ocidente e lhes poupa o terrível fardo da solidão, levando-os "como a um bom navio em direção à noite escura" (Marie de Hennezel), nem por isso temos por que divisar nela as premissas de uma nova arte de morrer, se é que alguma vez existiu. Desconfiemos do lirismo da Camarde* que transforma a morte dos outros em romance idílico. Constatamos em alguns propagandistas de cuidados paliativos uma espécie de embriaguez que os força a tudo eufemizar, a pintar de cor-de-rosa um acontecimento dramático. Esses *prosélitos da agonia agradável* manifestam às vezes, por trás da gentileza, um fanatismo que causa medo, sobretudo quando os incita à recusa de apressar a hora do fim aos que a solicitam, alegando que a agonia seria um momento da verdade do qual ninguém deve ser privado. (A este respeito, não dispomos ainda de um estatuto dos moribundos como já reclamava Philippe Ariès há cerca de trinta anos, sobretudo nos casos de eutanásia, sempre proibida na França, embora praticada com freqüência de forma clandestina e "administrativa"[1].)

---

* *Camarde*: Ser que tem buracos no lugar do nariz; a Morte, a Caveira, cantada em poesias. (N.T.)

[1] Como explica muito bem Jacques Pohier (*La Mort opportune*, Seuil, 1998), nos casos de extrema destruição física a escolha não é mais entre a vida e a morte, mas entre duas formas de morte. O corpo já se desagregou, mas a insistência terapêutica o mantém numa sobrevida artificial. Sobre o mesmo tema, veja o dossiê muito completo de Anita Hocquart, *L'Euthanasie volontaire*, PUF, 1999.

Sob o pretexto de que a moderna escamoteação da morte seria um tanto escandalosa — já existem, por exemplo, cemitérios virtuais na Internet, onde se pode acompanhar os funerais de um próximo pela tela — é, pois, preciso transfigurar a morte em ocasião miraculosa, qualificar a dos outros de momentos de alegria? Correndo o risco de cair numa espécie de vontade de poder exercida sobre pessoas extenuadas, a quem manifestamos sentimentos positivos?

Mas será que não se trata de uma forma de tranqüilização pelo exercício de ventriloquia funerária à custa dos que jazem, de verificar por meio do contato com eles que a morte não é assim tão grave, de se imunizar contra ela pela contemplação gulosa da morte dos outros? Esses apreciadores implacáveis de últimos suspiros têm por vezes inexplicáveis sopros de alegria no momento em que seus pacientes estão se extinguindo[1], como se estes, suspensos no ponto mais alto no qual se concentra um destino inteiro, se transformassem em condutores, em professores da verdade que entreviram a luz, como se, em uma só palavra, fossem estabelecer um "canal" entre nós e o Além[2]. Ademais, a idéia de acompanhar o sofri-

[1] "Ao deixar Danièle (uma pessoa no final da vida), tive vontade de sair correndo como uma louca, descalça na grama. De me embriagar de movimentos. Peguei o carro e fui para o parque de Sceaux. (...) No grande gramado que se estende diante do castelo, senti um grande prazer em correr, em rodar, em sentir a terra quente e úmida. Agradeci à vida e à Danièle por aquele momento intenso de prazer consciente." (Marie de Hennezel, *La Mort intime*, Laffont, 1955, prefácio de François Mitterand, pp. 161-2.)

[2] Do mesmo modo como vemos em Elizabeth Kübler-Ross, pioneira americana dos tratamentos paliativos, um elogio um tanto constrangedor das doenças graves, sobretudo da AIDS, tida como aceleradora coletiva de nossa humanização, mal aparente que na verdade é um bem profundo. Quando esta médica nos conta em suas Memórias que mantém um diálogo ao vivo com Jesus, que tem entrevistas diárias com fantasmas e que considera a morte como um refúgio final de paz, deixamos o domínio das idéias para entrar no insondável domínio da fantasmagoria.

mento dos outros diante da morte é uma idéia duvidosa, uma vez que estamos, por definição, "sempre atrasados para o encontro do próximo" (Catherine Challier), da morte, e sobre isto podemos dissertar infinitamente, pois ninguém sabe o que acontece conosco depois que morremos. As religiões, dizia Kierkegaard, são agências de viagem que nos prometem uma passagem assegurada para o Céu, mas jamais alguém voltou para nos dizer se estava satisfeito com o transporte e a estada. A única forma de sobrevida de que temos certeza é a lembrança que deixamos com os próximos, única precária imortalidade de que os mortais estão assegurados. O resto é pura especulação. Todas as crenças são respeitáveis: mas é uma petição de princípio fazer da morte uma porta para um mundo melhor, transformar a grande desgraça numa grande felicidade (o que é uma outra forma de negação). Diante dela, dizia com mais modéstia Jankélévitch, não há vitória nem derrota, porque ela não é uma adversária que se pode destruir ou domesticar. Pois bem, nossos amigos da Ceifadeira, nossos famintos de moribundos dão a impressão de ter a posse do viático, a solução para os derradeiros instantes convertidos inevitavelmente num *happy end*. Há em sua profissão de fé um ódio à vida, uma pavorosa voracidade de sofrimento que lembra as páginas mais sombrias do cristianismo. Definitivamente, é uma bizarra proposição afirmar que o luto, o padecimento, as doenças incuráveis são enriquecimentos! Mesmo que possa ser proclamada como verdade por alguns indivíduos a título exclusivamente pessoal, como é o caso dos quatro mencionados anteriormente, é uma afirmação intolerável se for generalizada. Não estamos vivendo uma revolução do ato de morrer, mas passa-se a levar em consideração o moribundo como um vivo de pleno direito, o que já é fundamental.

Precisamos nos curar da vontade de tudo curar e de liberar o homem de sua fragilidade, de sua imperfeição, mas é um absurdo exigir-lhe que se curve diante do Minotauro do sofrimento e que se resigne com seus limites só porque a espécie humana não é uma matéria-prima indefinidamente maleável. *Que tudo não seja possível não significa que nada seja permitido.* E quanto mais cedo for estabelecida a fronteira entre as fatalidades insuperáveis e as injustiças modificáveis, mais cedo será ultrapassada. Não podemos tudo fazer, mas podemos intervir nos domínios que dependem de nós, aliar-nos à "natureza" para combatê-la quando ela quiser nos eliminar. Tal é a atitude pragmática de nossas sociedades, que, por não possuírem a solução para o desespero humano, procedem a improvisações terapêuticas, a solidariedades pontuais, combinando assim humildade e determinação. Somos livres para afrouxar nossos vínculos, não para nos desfazer deles para sempre, e estabelecemos limites apenas para melhor os ultrapassar. Compete a cada geração reiniciar o combate do ponto onde a precedente parou, mesmo sabendo que cada progresso engendra por sua vez novos recuos, que a eliminação de um flagelo é imediatamente seguida do surgimento de um outro. Esta guerra abre focos tanto quanto os extingue. Nunca se lutou tanto contra as calamidades da existência como a partir do momento em que soubemos que não há solução para o infortúnio dos homens. Pois o sofrimento volta em outro lugar, não como uma fatalidade ou um vestígio, mas como um duplo inseparável entrelaçado a nossas vidas; e tentamos expulsá-lo, mesmo sabendo que a luta não tem solução. O que está sendo inventado hoje em dia, de forma desajeitada e tateante, é uma arte de viver que inclui a inteligência da adversidade sem cair no abismo da renúncia, é uma arte de suportar que nos permite existir com o sofrimento e contra ele.

SUCESSO DO BUDISMO NO OCIDENTE?

Tudo é sofrimento, nascer é sofrimento, envelhecer é sofrimento, doença é sofrimento, estar unido ao que não se ama é sofrimento, estar separado do que se ama é sofrimento. Para escapar a essa maldição, é preciso aprender a se desprender do mundo, matar a cobiça dentro de si, sair do ciclo das reencarnações ou pelo menos encontrar a maneira de renascer com um destino melhor. Teremos reconhecido, grosseiramente resumido nestas poucas linhas, um dos fundamentos do budismo. O espantoso é que esta doutrina que faz do eu uma ilusão funesta encontre em nosso Ocidente hedonista e individualista um eco tão grande.

O budismo tem de singular em relação a nossas religiões monoteístas o fato de não ser dogmático, não dar ordens, apenas indicar uma via para sair da hesitação, de convidar cada um a encontrar a senda que leva à salvação. Recria, acima de tudo, a ligação desaparecida há muito tempo no Ocidente entre teoria e prática: ao contrário do filósofo ocidental, puro espírito dedicado à especulação, o mestre budista, como o mestre antigo, é antes de tudo um mestre da vida. Não profere nada que não tenha experimentado ele mesmo, alimentando seu ensinamento na fonte viva da experiência. E ainda há mais: ao exortar a que se apague o ardor da sede, a que se renuncie aos desejos, o budismo encontra e desperta um dos axiomas centrais do cristianismo: o caráter efêmero e vão de nossa existência sobre a terra. Também como o cristianismo considera o sofrimento um meio de limpar um carma ruim, isto é, de expiar os erros cometidos em uma vida anterior. Como ele, seu prestígio decorre do fato de se situar fora da vida. Em suma, ele vence onde nossas Igrejas fracassam: como doutrina do contrapeso que serve para refrear o apetite de riquezas, os desregramentos do egoísmo. Sua sedução viria, pois, de sua proximidade, e não de seu distanciamento e tradição cultural muito rica. Ele nos permitiria ouvir, sob uma máscara asiática, verdades que já não toleramos de nossas próprias confissões. Não vem para contestar o judaísmo e o cristianismo, mas para confirmar alguns de seus axiomas. Seria menos um desvio do que um retorno.

Contudo, não se pode ter nenhuma certeza. Pois, excetuando-se um número mínimo de eruditos e letrados, não é o budismo que está triunfando no Ocidente, mas uma religião *à la carte* vestida de exotismo. Nem mesmo é uma espiritualidade, é mais uma terapia, um escudo contra o estresse a promulgar um credo para todos os gostos, aceitável pela maioria. De que maneira uma doutrina da renúncia pode seduzir uma sociedade com interesses mundanos? Renunciando à renúncia, servindo-a numa forma leve, digestiva para nossos estômagos delicados, nossos egos superexaltados. Podemos escolher lá dentro como numa caixa de chocolates, apanhando os melhores, rejeitando outros. O essencial é que a embalagem permaneça tibetana, zen ou tântrica.

No meio desse entusiasmo pelo Oriente talvez exista uma outra coisa: a invenção de um sincretismo inédito, a reconciliação mágica dos contrários, da serenidade e da inquietação, do apego e da indiferença, do desenvolvimento pessoal e da ilusão do eu por meio de uma crença minimalista. O que será esse neobudismo? O complemento espiritual de uma globalização sem espírito, a religião do fim das religiões? Talvez. Desse louco abraço entre o Oriente e o Ocidente, contemporâneo da era das doutrinas fáceis, advirá alguma coisa em nada parecida com o que se conhece: sobretudo não com o budismo autêntico, que, ainda excessivamente rígido, excessivamente disciplinado, será desfigurado, pisoteado, vítima de seu sucesso. Dele sairá um gigantesco contra-senso, eterna forma da novidade dentro da História.

CONCLUSÃO

O croissant *da Senhora Verdurin*

"Creia nos que procuram a verdade, duvide dos que a encontram."

André Gide

No momento em que a Senhora Verdurin, em 1915, tomou conhecimento do desaparecimento do *Lusitânia*, o navio britânico afundado por um submarino alemão, ela estava degustando seu primeiro *croissant* da guerra. A brutalidade daquela notícia em nada atenuou o prazer de voltar a sentir aquele gosto tão familiar.

> A Senhora Verdurin, sofrendo de suas enxaquecas por já não ter *croissants* para mergulhar dentro do café com leite, terminara conseguindo de Cottard uma receita que lhe permitira consegui-los no restaurante de que já falamos. Tinha sido quase tão difícil de obter das autoridades quanto a nomeação de um general. Ela segurou seu primeiro novo *croissant* na manhã que os jornais noticiaram o naufrágio do *Lusitânia*. Enquanto mergulhava o *croissant* dentro do café com leite e dava petelecos em seu jornal para que pudesse ficar bem aberto sem que tivesse necessidade de retirar a outra mão do pãozinho molhado, dizia: "Que horror, isto ultrapassa em horror as mais pavorosas tragédias." Mas a morte de todos aqueles afogados devia lhe parecer reduzida a um milésimo, pois, com a boca cheia, fazendo aquelas reflexões desoladas, a expressão que sobrenadava em seu rosto, causada provavelmente pelo sabor do *croissant*, tão precioso contra a enxaqueca, era mais a de uma doce satisfação[1].

[1] Marcel Proust, Pléiade, Gallimard, tomo III, pp. 772-3

Hipócrita, a Senhora Verdurin? Não! Simplesmente humana, terrivelmente humana, e não devemos nos deixar levar neste caso pela ironia proustiana. Pois sempre conseguimos ser felizes em meio à desgraça dos outros, omitindo provisoriamente o que nos corrói, minimizando a pesada preocupação que desfigura nossos rostos. Rimos e amamos no momento em que milhões de homens sofrem e agonizam, da mesma maneira que na hora do nosso fim, do nosso sofrimento, milhões de indivíduos que não nos conhecem nem nos amam estarão se divertindo e brincando. Somos todos Senhoras Verdurin sob esse aspecto, pois não existe concordância de tempos entre as diferentes partes da Humanidade, nem mesmo dentro de um mesmo grupo humano: a alegria dos nossos amigos quando estamos infelizes ou de luto pode nos ferir como um insulto. E a difusão instantânea das notícias ao redor do globo não é diferente: a visão da pobreza extrema no telejornal das 20 horas nunca impediu ninguém de comer com bom apetite.

Evitemos o absurdo tão freqüente do contágio positivo que pretende fazer nossa felicidade depender da felicidade dos outros e, por extensão, da sociedade inteira. É preciso, neste caso, operar uma modificação de escala: não vivemos isolados, mas dentro de sociedades restritas — nossas famílias, nossos próximos, nossa pequena cidade, nossa região —, que determinam nossos humores e alegrias. O que nos define, dizia Hume, não é a universalidade, é a parcialidade[1], uma combinação de egoísmo e simpatia, uma visão muito particular da vida tão imperiosa quanto ignorada. Nossa percepção funesta ou alegre do estado das coisas é freqüentemente condicionada

[1] Citado por Philippe Raynaud em *Politesse et Sincérité*, Editions Esprit, 1984, p. 85.

pelo ambiente estreito que nos influencia tanto quanto o influenciamos. Há, pois, uma felicidade suscitada pelos outros, cujo círculo, entretanto, limita-se a alguns íntimos e nunca se espalha até os confins da terra. O ideal seria, claro, conciliar envolvimento pessoal e coletivo, e chegarmos a um mundo de onde toda opressão e miséria tivessem sido banidas. É correto que no horizonte de cada momento de alegria haja uma vontade de tornar a Humanidade melhor, de compartilhar essa alegria com todos. Mas se fosse necessário que as injustiças desaparecessem para que alcançássemos o "nirvana", não poderíamos nem mesmo ensaiar um sorriso nos lábios. O horror e a abominação nos cercam, mas nós vivemos, prosperamos e temos razão, pois essa insensibilidade é indispensável ao equilíbrio. De qualquer forma, só existe felicidade na despreocupação, na inconsciência e na inocência, raros instantes subtraídos da inquietação, dos alarmes. Não somos felizes senão a despeito: a despeito de um amigo que sofre, de uma guerra que mata, de um universo enfermo, e nisso não há nenhuma vergonha, pois sempre haverá calamidades e massacres a adiar a situação social perfeita para as calendas.

Disso decorre, contudo, uma conseqüência: por ser a expressão de um distanciamento salvador, por pretender escapar aos malefícios da duração e paralisar o futuro, a felicidade não tem como ser o objetivo principal das sociedades humanas nem o fundamento de sua ação. É preciso, assim como o sofrimento, subordiná-la à liberdade. Esses momentos de coincidência consigo mesmo e harmonia com a natureza, páginas de luz que transfiguram nossa existência, não servem como fundamento de uma moral, nem de uma política ou de um projeto. É preciso ensinar aos homens a resistir a suas inclinações, pois nem todos os fins são compatíveis, e é preciso hierarquizá-los, excluindo deles alguns que lhes eram caros. Existem circunstâncias nas quais a liberdade pode se mostrar mais importante do que a felicidade, o sacrifício mais importante do que a tranqüilidade. A idéia própria de Condorcet de uma "cadeia indissolúvel" entre virtude, justiça, razão e prazer não é sustentável. Mesmo que possamos postular que todos os bens estão ligados por meio da unidade de uma vida (Charles Taylor), eles entram necessariamente em conflito assim que tentamos realizá-los. É por esta razão que a política pertence à ordem da prudência, não do sublime, é por esta razão que a História permanece trágica e nos conspurca a todos, seja qual for nosso engajamento pessoal. Sonhar com um desenvolvimento simultâneo dos ideais humanos é uma doce quimera: o despedaçamento é nosso destino, somos condenados à dissonância, à competição dos valores essenciais que se revelam inconciliáveis.

Enfim, talvez seja tempo de dizer que o "segredo" de uma vida boa é não levar a sério a felicidade: nunca procurá-la como tal, acolhê-la sem se perguntar se é merecida ou se contribui para a edificação do gênero humano; não retê-la, não lamentar sua perda; deixá-la com seu caráter fantasioso, que lhe permite surgir no meio de dias comuns ou não se apresentar em situações grandiosas. Em suma, considerá-la sempre e em toda parte como secundária, uma vez que só aparece a propósito de outra coisa.

Em vez da felicidade propriamente dita, podemos preferir o prazer como breve êxtase roubado no decurso das coisas, o divertimento, essa leve embriaguez que acompanha o desenrolar da vida, e sobretudo a alegria, que supõe surpresa e elevação. Pois em nossa existência nada rivaliza com a irrupção de um acontecimento ou de um ser que nos devasta e encanta. Há sempre bastante o que desejar, descobrir, amar. E saímos de cena mal tendo conseguido experimentar o festim.